1

ARCHIVOS DEL PRESIDENTE JOSÉ AZCONA

Notas de Prensa. Septiembre—Octubre de 1987

MERENDÓN

COLECCIÓN

ARCHIVOS DEL PRESIDENTE JOSÉ AZCONA
(Notas de prensa septiembre—octubre de 1987)

©Colección MERENDÓN
Supervisión Editorial: Óscar Flores López
Diseño de portada: Andrea Rodríguez-Lilyana Gálvez
Administración: Tesla Rodas y Jéssica Cordero
Director Ejecutivo: José Azcona Bocock

Primera Edición
Tegucigalpa, Honduras—marzo de 2024

IMPUESTOS, EL CIERRE DE BANASUPRO Y LA ACUSACIÓN DE CARLOS FLORES

Carlos Flores Facussé, quien ganara las elecciones internas del Partido Liberal, convirtiéndose de esa manera el candidato presidencial de las llamadas "milicias eternamente jóvenes", acusa al al mandatario José Azcona de "serrucharle el piso".

"Como tendenciosa, contradictoria e infundada calificó el Presidente de la República, José Simón Azcona Hoyo, la información publicada ayer por un rotativo de la capital que señala que en la Casa de Gobierno se está promoviendo la candidatura única, en el Partido Liberal, del doctor Carlos Roberto Reina", refiere Diario La Prensa.

"La noticia es tendenciosa y contradictoria, ya que por un lado hace aparecer al presidente Azcona, como promotor de la candidatura presidencial del licenciado Reina y por el otro como arreglando la candidatura del presidente del Congreso Nacional, Carlos Montoya", apunta un comunicado de la Casa de Gobierno.

En estos meses de septiembre y octubre, el presidente Azcona aclara que no habrá más impuestos, aunque deja claro que no está de acuerdo que haya una amnistía para aquellos que no han pagado el Impuesto Sobre la Renta.

Estos volúmenes del archivo José Azcona Hoyo de la Colección Merendón nacen de los documentos que dejó mi papá al fallecer. Hubiese sido su voluntad que la información fuese compartida con todas las personas que deseen acceder a la misma.

La colección incluye un registro de publicaciones periódicas contemporáneas con los hechos, informes de gobierno y otros documentos anexos. La edición que hoy publicamos contiene los archivos de prensa de los diarios La Tribuna, El Heraldo, La Prensa y Tiempo de septiembre y octubre de 1987.

El cuidado y divulgación de documentos históricos tiene dos componentes importantes. El primero, y condición necesaria para el segundo, es la conservación de la información para su posterior uso. La función primaria se ha logrado durante las décadas que este archivo ha estado bajo custodia de mi madre, Miriam Bocock de Azcona, y se espera lograr darle un hogar definitivo permanente.

La segunda función se cumple con la publicación de este archivo. El mismo se ha organizado, capturado digitalmente, convertido a texto, editado y publicado de una manera sistemática.

La intención es que el mismo sea accesible, a un costo económico, para quienes deseen conocer mejor este importante periodo de la historia de Honduras.

Adicionalmente, que sirva de fuente para investigadores que se interesen en los temas cubiertos por el mismo. Un complemento importante es que se pretende tener estas obras en una edición disponible de forma permanente, para garantizar el acceso al mismo a futuro

Hemos cuidado de hacer edición para garantizar: que no haya errores y facilidad de búsqueda. La intención no es distorsionar el archivo para favorecer o perjudicar imágenes, sino conservarlo y compartirlo en forma íntegra.

JOSÉ S. AZCONA B.
Marzo de 2024

LAS ELECCIONES INTERNAS DEL P.L

Pasaron las elecciones internas del glorioso Partido Liberal, habiendo salido vencedor el ingeniero Carlos Roberto Flores Facussé, a pesar de todos los pronósticos a favor del licenciado Carlos Orbin Montoya.

Estamos seguros que este triunfo se debió a que el liberalismo consciente repudia el Pacto de Unidad Nacional (PUN) o sea el que se hizo con el callejismo, porque con dicho pacto gran parte de los activistas que le ayudaron a ganar las elecciones al actual presidente de la República, quedaron al margen de puestos públicos, cuando lo lógico hubiera sido darles colocación, ya que si trabajaron por Azcona fue con la esperanza que les iban ayudar, pero fueron defraudados dando la impresión que sólo los ocuparon de escalera para subir al poder.

Cosa insólita que a la larga esta pobre gente tenía que desquitarse este desaire que tuvieron como compensación a sus esfuerzos porque el actual mandatario subiera a la primera magistratura de la nación. Otra de las causas para que el ingeniero Flores haya ganado las elecciones fue la displicencia que mostraron algunos de los que están en altos puestos, por ejemplo, el Dr. William Hall Rivera a muchos correligionarios que llegaban a la oficina de él, con el objetivo de tener audiencia para hablar con el presidente de la República, los recibía mal porque se había llenado de soberbia.

En cierta ocasión como él es del departamento de Yoro llegó una señora a solicitarle una recomendación, con la esperanza que por ser del mismo departamento sería bien recibida, pero Hall le dijo usted es de las cachurecas de Yoro, sin darse cuenta que quien le solicitaba favor era hija de un gran liberal.

Con el nuevo Consejo Central Ejecutivo del Partido Liberal estamos seguros que las cosas van a cambiar, porque el ingeniero Flores es un político renovado, laborará para bien del partido con hombres capaces de todas las corrientes que tomaron parte en esta justa electoral.

Ojalá que el nuevo Consejo le ayude eficazmente al presidente a fin de que pueda enderezar lo torcido que hay en el gobierno.

Narciso Aguirre
Barrio Buenos Aires
Tegucigalpa, D.C.

La Tribuna/17 de septiembre de 1987

Azcona Hoyo:

LA INDEPENDENCIA DEPENDE DEL TRABAJO Y DE LA COOPERACIÓN DE LOS INDIVIDUOS

TEGUCIGALPA. - El presidente José Azcona Hoyo convocó anoche "el espíritu de lucha" de los hondureños para alcanzar los objetivos básicos de la nación y reiteró que "las tareas del desarrollo para el bienestar y el progreso deben ser competencia de todos".

En un mensaje difundido por cadena nacional de radio y televisión, el gobernante se dirigió al pueblo hondureño con motivo de celebrarse el 166 aniversario de la emancipación nacional.

"En este año, coincide este singular acontecimiento, con los esfuerzos, los trabajos y los propósitos de paz que los países centroamericanos estamos adelantando mancomunadamente para crear un entorno de armonía social y de convivencia pacífica, que nos permita desarrollar nuestras potencialidades sin confrontaciones estériles y sin falsas expectativas", señaló Azcona Hoyo.

Añadió que "el acuerdo de paz suscrito recientemente por los cinco mandatarios centroamericanos, es un indicio racional y categórico de la autonomía de nuestro pensamiento político y de nuestra voluntad para la cooperación y para el desarrollo común, en un plano de democracia participativa y pluralista".

"Un orden político de represión y de angustia", sentenció el gobernante, "no puede ser un marco adecuado para darle consistencia y empuje al proceso de bienestar social, a que aspiran y tienen derecho todos los pueblos del mundo, ni puede un orden totalitario, suplir la naturaleza de los individuos que fueron creados para ser libres y para buscar con vehemencia y alegría la felicidad individual y colectiva".

Azcona Hoyo reafirmó en su mensaje a los hondureños que "debemos actuar unidos en la tarea de fortalecer nuestras instituciones democráticas, nuestros principios republicanos y nuestras convicciones filosóficas, que se fundan en que el hombre es el fin supremo del Estado y no un instrumento de explotación y esclavitud".

"La independencia no es una figura política inmóvil, sino un proceso de desarrollo económico y social, que depende, en primera instancia, del trabajo tesonero y de la cooperación que los individuos, de una nación cualquiera, aportan al bien común", destacó, para agregar que "en este contexto, los hondureños estamos enfrascados en una lucha tenaz contra los obstáculos, que tradicionalmente han entorpecido o han retardado nuestros deseos de mejoramiento y de superación".

"Mejorar y superar para el bien de todos, en un marco de plenas libertades, es un propósito sincero del presente gobierno, que lo ha llevado adelante a pesar de las limitaciones conque accedimos al poder como expresión libre de la voluntad popular; pero tenemos conciencia, que las tareas del desarrollo para el bienestar y el progreso, deben ser competencia de todos, esfuerzo de todos, voluntad de todos y no como se ha creído hasta ahora, un quehacer que corresponde únicamente al gobierno de la República", aseveró.

Invoco "el espíritu de lucha de los hondureños todos y dirigirlo hacia la conquista de los objetivos básicos de la nación, que consisten en procurar el mayor bien posible a mayor número de personas, sin distingos de ninguna naturaleza y pensando sólo con un profundo sentido de hondureñidad".

Siguió diciendo el mandatario, que "el engrandecimiento de la patria como quehacer de todos y para el beneficio de todos sus hijos, nos parece una buena consigna para ser esgrimida en estos momentos difíciles por las confrontaciones ideológicas y por el estancamiento económico que vivimos en Centroamérica."

"Centroamérica, enfatizó, como área en vía de desarrollo, como punto estratégico para la defensa democrática del continente demanda el mayor interés de sus conciudadanos para el fortalecimiento y para la promoción de sus valores más auténticos".

El presidente hondureño finalizó su mensaje reafirmando "nuestra firme voluntad de trabajar por el bien de todos, nuestra decisión de dar nuestros mejores aportes a la pacificación y democratización del área y nuestra fe inquebrantable en nuestra patria como ejemplo de libertad, de justicia, de paz y de concordia.

El presidente Azcona presidió en el Estadio Nacional los actos conmemorativos del 166 aniversario de la Independencia.

La Prensa/16 de septiembre de 1987

NUEVO EMBAJADOR COLOMBIANO SE ENTREVISTÓ CON AZCONA

A finales de la semana recién pasada el nuevo embajador de Colombia en Honduras doctor Miguel Durán Ordóñez, presentó sus cartas credenciales al Presidente José Azcona Hoyo en casa de gobierno.

Durán viene a sustituir a don José Gonzalo Forero Delgadillo, quien se desempeñó en el mismo cargo en Honduras por cinco años consecutivos.

El Heraldo/16 de septiembre de 1987

Aclara Casa de Gobierno:
INFUNDADA NOTICIA QUE AZCONA PROMUEVE A CARLOS R. REINA

TEGUCIGALPA. - Como tendenciosa, contradictoria e infundada calificó el Presidente de la República, José Simón Azcona Hoyo, la información publicada ayer por un rotativo de la capital que señala que en la Casa de Gobierno se está promoviendo la candidatura única, en el Partido Liberal, del doctor Carlos Roberto Reina.

Diario La Tribuna, cuyo propietario es Carlos Flores Facussé, ganador de las elecciones internas del liberalismo practicadas el domingo seis de septiembre, informó que el presidente Azcona "está activo buscando una candidatura única" y para ello ya hay un movimiento denominado "Siete de Septiembre", que se encargará de promover la candidatura presidencial de Carlos Roberto Reina.

"La noticia es tendenciosa y contradictoria, ya que por un lado hace aparecer al presidente Azcona, como promotor de la candidatura presidencial del licenciado Reina y por el otro como arreglando la candidatura del presidente del Congreso Nacional, Carlos Montoya", apunta un comunicado de la Casa de Gobierno.

Agrega que "esa contradicción hecha por tierra cualquier fundamento en que pudiera haberse basado la noticia, y por el contrario, confirma la posición de neutralidad observada por el mandatario hondureño con relación a las elecciones internas del Partido Liberal y también con respecto a los aspirantes presidenciales".

"Es importante señalar además que la Casa Presidencial es totalmente ajena a la elaboración y distribución de afiches o de cualquier tipo de propaganda política a favor o en contra de dirigente político alguno y que el único interés del presidente Azcona y de sus colaboradores consiste en llevar adelante los proyectos de desarrollo programados para este período gubernamental", subraya el comunicado de prensa.

Asimismo, los diputados, funcionarios, empleados y demás personas que visitan al gobernante lo hacen para informarle sobre las obras que se realizan y sobre los problemas que afrontan en las distintas regiones del país.

La Prensa/17 de septiembre de 1987

ACUERDO DE PAZ ES UN INDICIO CATEGÓRICO DE LA AUTONOMÍA DE NUESTRO PENSAMIENTO: AZCONA

TEGUCIGALPA.- El presidente de la República, José Azcona Hoyo, aclaró ayer que el "acuerdo de paz suscrito en Guatemala es un indicio categórico de la autonomía de nuestro pensamiento". El mandatario expresó lo anterior en su discurso conmemorativo al 166 aniversario de la independencia de Centroamérica.

MENSAJE DEL PRESIDENTE AZCONA

Compatriotas:

Se cumple hoy el l66 aniversario de la independencia de Centroamérica y esta fecha marca el momento histórico más importante en la vida republicana de los cinco países que originalmente formaron una sola patria, unida por la geografía, por el orden común v por los ideales inmarcesibles de libertad y de justicia, que proclamaron nuestros grandes próceres.

En este año, coincide este singular acontecimiento con los esfuerzos, los trabajos y los propósitos de paz que los países centroamericanos estamos adelantando mancomunadamente para crear un entorno de armonía social y de convivencia pacífica, que nos permita desarrollar nuestras potencialidades, sin confrontaciones estériles y sin falsas expectativas, que generen confusión y desaliento entre nuestros pueblos, predestinados por diversas circunstancias a obtener objetivos comunes y fundamentales en su devenir histórico.

El acuerdo de paz suscrito recientemente por los cinco mandatarios centroamericanos, es un indicio racional y categórico de la autonomía de nuestro pensamiento político y de nuestra voluntad para la cooperación y para el desarrollo común, en un plano de democracia participativa y pluralista, que haga posible la intervención de todas las iniciativas en las áreas políticas, económicas, financieras, culturales y sociales de los individuos, sin menoscabo de las libertades y de todos aquellos principios que integran la dignidad de los pueblos.

Un orden político de represión y de angustia, no puede ser un marco adecuado para darle consistencia y empuje al proceso de bienestar social, a que aspiran y tienen derecho todos los pueblos, ni puede un orden totalitario, suplir la naturaleza de los individuos que fueron creados para ser libres y para buscar con vehemencia y alegría la felicidad individual y colectiva.

Por eso, considero esta fecha muy oportuna para reafirmar a los hondureños mi creencia en que debemos actuar unidos en la tarea de fortalecer nuestras instituciones democráticas, nuestros principios republicanos y nuestras convicciones filosóficas, que se fundan en que el hombre es el fin supremo del Estado y no un instrumento de explotación y de esclavitud.

Estos años de haber transitado por el camino de la independencia política, nos han demostrado que la soberanía, la integridad y la libertad, no son dádivas ni son objetos dados a los pueblos por la casualidad o el azar; en estos años de republicanismo, hemos aprendido que esos atributos de los países civilizados, son conquistas que los ciudadanos han obtenido a base de trabajo, de esfuerzo y muchas veces de sacrificio, sacrificio que si bien ha ensombrecido las páginas de la historia, por el heroísmo impreso en ellas, ha demostrado que el hombre movido por elevados ideales, es capaz hasta de ofrendar su propia vida.

Hemos aprendido también, que la independencia no es una figura política inmóvil, sino un proceso de desarrollo económico y social, que depende, en primera instancia, del trabajo tesonero y de la cooperación que los individuos, de una nación cualquiera, aportan al bien común.

En este contexto, los hondureños estamos enfrascados en una lucha tenaz contra los obstáculos, que tradicionalmente han entorpecido o han retardado nuestros deseos de mejoramiento y de superación.

Mejorar y superar para el bien de todos, en un marco de plenas libertades, es un propósito sincero del presente gobierno, que lo ha llevado adelante a pesar de las limitaciones con que accedimos al poder como expresión libre de la voluntad popular; pero tenemos conciencia, que las tareas del desarrollo para el bienestar y el progreso, deben ser competencia de todos, voluntad de todos y no como se ha creído hasta ahora, un quehacer que corresponde únicamente al gobierno de la República.

Esta conmemoración de nuestra independencia, es oportunidad propicia entonces, para invocar el espíritu de lucha de los hondureños todos y dirigirlo hacia la conquista de los objetivos básicos de la nación, que consisten en procurar el mayor bien posible al mayor número de personas, sin distingos de ninguna naturaleza y pensando sólo con un profundo sentido de hondureñidad.

Hondureños:

El engrandecimiento de la patria como quehacer de todos y para el beneficio de todos sus hijos, nos parece una buena consigna para ser esgrimida en estos momentos difíciles por las confrontaciones ideológicas y por el estancamiento económico que vivimos en Centroamérica.

Centroamérica como área en vías de desarrollo y como punto estratégico para la defensa democrática del continente, demanda el mayor interés de sus conciudadanos para el fortalecimiento y para la promoción de sus valores más auténticos.

La ocasión es también apropiada, para reafirmarle al pueblo hondureño, nuestra firme voluntad de trabajar por el bien de todos, nuestra decisión de dar nuestros mejores aportes a la pacificación y democratización del área, y nuestra fe inquebrantable en nuestra patria como ejemplo de libertad, de justicia, de paz y de concordia.

AZCONA HOYO

*Tiempo/*16 de septiembre de 1987

EXAGERADAS MEDIDAS DE SEGURIDAD EN EL ESTADIO

Las autoridades supremas de la nación presidieron en el Estadio Nacional los actos conmemorativos del 166 aniversario de la independencia patria. Les acompañaban aproximadamente 25 mil compatriotas e invitados especiales extranjeros.

En el Palco de Honor presenciaron el desfile los presidentes de los tres Poderes del Estado y sus respectivas esposas, el designado presidencial, Alfredo Fortín, el comandante en Jefe de las Fuerzas Armadas, general Humberto Regalado Hernández, y la ministra de Educación, Elisa Valle de Martínez.

Además concurrieron varios miembros del Gabinete de Gobierno y representantes diplomáticos acreditados en el país.

Los actos oficiales se iniciaron a las doce del mediodía cuando aún no habían ingresado al coliseo deportivo más de la mitad de los institutos de Educación Media que participaron en el desfile cívico.

Tal situación fue lamentada por algunos ministros que atribuyeron el retraso a la actitud de los colegios que encabezaban el desfile.

Los estudiantes de los primeros colegios se tardaban excesivamente en sus demostraciones marciales y sus palillonas hacían toda clase de piruetas, lo que afectó enormemente a los otros institutos.

SEGURIDAD EXAGERADA

Las medidas de seguridad implantadas dentro y fuera del estadio fueron excesivamente severas e impidieron a algunos medios de comunicación, entre ellos la televisión, darle una buena cobertura al evento.

Muchos periodistas no pudieron ingresar al lugar de los actos y la transmisión de televisión comenzó dos horas después debido al excesivo celo mostrado por algunos agentes de seguridad.

A lo largo del desfile fue notoria la presencia de soldados armados y de helicópteros que vigilaban palmo a palmo el trayecto. Otros militares fueron apostados en los distintos puentes de la capital.

ACTOS DESLUCIDOS

El programa oficial fue, en extremo, deslucido. Consistió en el izamiento del pabellón nacional, la ejecución del Himno por una banda militar, la juramentación a la patria y una actuación del coro polifónico de la UNAH.

Mucha gente creía que la ocasión sería aprovechada por el presidente José Azcona Hoyo para enviar su mensaje al pueblo, como se estila en otros países centroamericanos, pero no hubo tal discurso sino hasta en horas de la noche, a través de una cadena de radio y televisión.

Para colmo de males, la excesiva seguridad impidió que los técnicos controlaran el sonido en el Palco Presidencial y la ministra de Educación tuvo problemas para proceder al Juramento a la Patria.

Los guardaespaldas del presidente Azcona tuvieron que ingeniárselas para habilitarle el micrófono a la funcionaria.

A pesar de la pobreza del acto oficial, el presidente Azcona y sus ministros decidieron esperar que los restantes colegios ingresaran al coso deportivo.

PROTESTA ESTUDIANTIL

Jóvenes del Instituto Central "Vicente Cáceres" y de otros colegios aprovecharon el desfile para distribuir hojas volantes en las que aseguraban que Honduras no goza de independencia alguna y pedían el retiro de las tropas norteamericanas de sus bases en nuestro país.

Igualmente, denunciaban la presencia de contrarrevolucionarios nicaragüenses e indicaban que su participación en el desfile no era para celebrar la independencia sino para conmemorar la muerte del general Francisco Morazán, ocurrida precisamente un 15 de septiembre de 1842.

La marcha cívica de los institutos de segunda enseñanza concluyó aproximadamente a las tres de la tarde.

La ministra de Educación, Elisa Valle de Martínez, procede al juramento a la Patria en presencia de las más altas autoridades del Estado, al conmemorarse ayer el 166 aniversario de nuestra Independencia. Los actos tuvieron lugar en el Estadio Nacional. (Foto Efraín Salgado).

El Heraldo/16 de septiembre de 1987

En el marco de "medidas heroicas"

GOBIERNO DISPUESTO A CREAR IMPUESTOS Y REDUCIR PERSONAL

**La discusión más fuerte con misión del FMI fue sobre el déficit fiscal: Gonzalo Carías

El presidente del Banco Central, Gonzalo Carías Pineda, declaró ayer que el gobierno del presidente José Azcona está dispuesto a adoptar "medidas heroicas" para abatir el déficit fiscal.

Precisó que entre esas medidas se contempla el establecimiento de impuestos para artículos suntuarios, la reducción de personal supernumerario de organismos del sector público, que son una carga para el gobierno, como el caso de FINAVI, comentó.

Carías Pineda habló a los periodistas al término de una reunión de trabajo de las autoridades del Ministerio de Hacienda y del Directorio del Banco Central que por espacio de tres horas sostuvieron con el mandatario.

Destacó que la reunión de trabajo fue para informar al presidente Azcona de la reciente visita a Honduras de una misión del Fondo Monetario Internacional (FMI), con quienes analizaron toda la situación de la economía para ver la forma de llegar a un acuerdo.

Las pláticas, señaló, van a continuar en Washington.

Dijo que la discusión más fuerte fue sobre el déficit fiscal, que es muy parecido al del año de 1986.

14

Carías indicó que la economía en términos reales va a crecer en 4.2 por ciento, y es una cifra avalada por el FMI, en tanto que la inflación es del orden del 3 y medio por cierto.

El problema de este año, explicó, fue la caída tan drástica del precio del café en el mercado internacional, no así la producción de granos básicos que fue muy eficiente, así como la de café que llegó a cerca de los 2,000.000 de sacos.

Empero, puntualizó que otros productos compensaron, como, por ejemplo, la carne y el banano que están mejorando en precio principalmente en los mercados de Europa.

Añadió que se han agilizado en el Banco Central algunas medidas de compra-venta de divisas.

NEGOCIACIONES CON EL "FMI"

Respecto a las negociaciones con el FMI, dijo que se pretende lograr un convenio para poder ir al Club de París a renegociar deudas de instituciones autónomas como la Empresa Nacional de Energía Eléctrica (ENEE) que es una carga ahorita para el gobierno por el flujo de recursos, porque está vendiendo energía a unos países que no le pagan, y por otro lado la carga administrativa es muy alta.

Una reunión de trabajo sostuvo ayer el presidente José Azcona (al fondo con autoridades del Ministerio de Hacienda y del Directorio del Banco Central), a quienes dejó como tarea que le recomienden medidas de control para disminuir el déficit fiscal. (Foto de Aquiles Andino).

Apuntó que si se va al Club de París se podía renegociar 75,000.000 de dólares de la deuda, señalando de paso que el FMI ve bastante bien la situación económica de Honduras, además de elogiar la forma cómo se ha manejado sin tomar medidas extremas como en otros países del área centroamericana.

Sin embargo, resaltó que el FMI está recomendando que vayamos en línea con el crecimiento que tenemos este año y que sea sostenido para los años venideros, no sólo estar pensando en el corto plazo, sino que también en el mediano y largo plazo.

Finalmente, manifestó que ya no existe la presión del FMI para la devaluación del lempira, porque apenas está revaluado en 8 por ciento a raíz de que el dólar se ha devaluado fuertemente en los mercados internacionales y sólo con Centroamérica sí estamos revaluados en alrededor del 20 por ciento, pero con los países de la región nuestro mercado apenas es del 6 por ciento.

La Tribuna/17 de septiembre de 1987

ACUERDOS DE GUATEMALA ANALIZAN AZCONA Y BUSBY

El embajador itinerante de los Estados Unidos para América Central, Morris Busby, se entrevistó sorpresivamente ayer con el presidente José Azcona para analizar la evolución de los acuerdos de paz suscritos el pasado 7 de agosto en Guatemala.

Esta es la primera vez que el sustituto de Philip Habib visita la región en el cumplimiento de su nuevo cargo, que asumió la semana anterior. Pocos días antes de ser nombrado realizó una gira en Centroamérica como subsecretario de Estado adjunto para Asuntos Latinoamericanos.

Al término del encuentro, que duró hora y media, el personal de seguridad de la embajada norteamericana impidió que los periodistas entrevistaran a Busby. Después del incidente sólo fue posible formular una pregunta al embajador Everett Briggs, quien dijo que en la entrevista se abordó el tema de "los acuerdos de Guatemala".

Morris Busby al momento de disponerse a salir de la Casa de Gobierno. Foto de Aquiles Andino.

La Tribuna/17 de septiembre de 1987

AZCONA A PUERTO RICO

- *Participará en la Segunda Conferencia Económica del Caribe la semana próxima*

SAN JUAN. (AP) - El gobierno puertorriqueño informó ayer que los presidentes de Honduras y El Salvador, así como representantes de varios otros países de Centroamérica y el Caribe son esperados aquí la semana próxima para participar en la segunda conferencia económica del Caribe.

El gobernador Rafael Hernández Colón dijo hoy que los presidentes José Napoleón Duarte, de El Salvador, y José Azcona Hoyo, de Honduras, estarán entre los Jefes de Estado visitantes.

Agregó que el primer ministro de Barbados, Erskine Sandiford se excusó y no asistirá y que el presidente de Costa Rica, Oscar Arias, declinó también la invitación porque tiene en agenda una intervención ante el congreso norteamericano y luego en la universidad de Harvard.

Hernández Colón no dio muchos detalles sobre los demás asistentes.

Esta será la segunda conferencia sobre comercio y economía en el área del Caribe que se celebra aquí. La misma será auspiciada por la compañía de Fomento Económico, según la casa del gobierno insular.

La conferencia se celebrará del 23 al 27 de septiembre en el centro de convenciones de esta capital. Se espera que a la misma asistan alrededor de 3.000 personas entre dignatarios, representantes de los países del Caribe y congresistas e industriales norteamericanos, según el gobernador.

*El Heraldo/*17 de septiembre de 1987

BIBLIOTECA PARA SAN PEDRO SULA

Ing. José Simón Azcona Hoyo
Presidente Constitucional de la República
Tegucigalpa, D.C.

Señor presidente:

La ciudad de San Pedro Sula necesita con urgencia una biblioteca pública, este es el eslogan que cada ciudadano de esta insigne ciudad, pregona a diario, tanto su juventud, como todo el pueblo en general en esta bella ciudad, con sus cuatrocientos mil habitantes, es el orgullo de Honduras, es la primera ciudad de Centro América después de sus capitales, es la ciudad más culta de la patria, es la ciudad que menos analfabetos tiene, es la que más trabaja en nuestra amada Hibueras, es la ciudad que tiene la catedral católica más bella y grande de nuestro territorio, es la ciudad más industrial de la patria de José Cecilio del Valle, es la ciudad que a diario le cantan sus miles de pájaros, en especial nuestros queridos zorzales que empiezan su sinfonía en abril y la terminan en septiembre, es la ciudad que por sus puertas de oro sale el enriquecimiento de las arcas nacionales, es la ciudad que más crece en Centro América, es la ciudad de las mujeres más bonitas de América, es la ciudad que más niños la adornan, es la ciudad que inició la evolución del periodismo, es la ciudad de los boulevares y jardines, es la Ciudad de los Laureles, es la ciudad mejor urbanizada y trazada de América Central, es la ciudad que tiene un boulevard circunvalación completo, el primero de la patria grande, es la ciudad que tiene con mucho orgullo una estatua ecuestre de nuestro paladín Francisco Morazán, vestido de civil, como un verdadero estadista, es la ciudad que más centros de enseñanza a todos los niveles culturales tiene Honduras, es la ciudad excelsa de la patria, pero Señor Presidente: San Pedro Sula no tiene una biblioteca pública como se lo merece; por estas razones vengo ante usted, con todo respeto a solicitarle un subsidio para que este sueño de los sampedranos sea una realidad.

Nosotros creemos en usted y no se le olvide que esta ciudad de San Pedro Sula fue la que más votos le dio para que usted sea nuestro Presidente constitucional de la República; por lo que todo este pueblo está orgulloso de haberlo llevado al solio presidencial.

Ingeniero: El pueblo de San Pedro Sula espera su ayuda, no olvide que los sampedranos necesitan su biblioteca pública.

Mil gracias
Tulio A. Bueso

La Prensa/17 de septiembre de 1987

En casa de gobierno
ATROPELLAN PERIODISTA EN VISITA DE EMBAJADOR

TEGUCIGALPA. - El atropello a los periodistas y el hermetismo, constituyeron ayer la nota predominante, luego de una entrevista que sostuvo el presidente de la República, José Azcona Hoyo con el embajador Everett Briggs y el embajador itinerante de Estados Unidos en Centro América, Morris Bosby.

Bosby, que hace escasos nueve días dialogó ampliamente con el gobernante hondureño sin trascender los temas tratados, nuevamente llegó ayer a la Casa Presidencial con el mismo hermetismo.

Los guardaespaldas del embajador Briggs, se lucieron con los representantes de los medios de comunicación acreditados en la sede del ejecutivo, a quienes codearon y empujaron en reiteradas ocasiones, cuando estos pretendían abordar a los funcionarios norteamericanos.

Tal actitud fue enérgicamente condenada por los periodistas ante el embajador Briggs, pero este hizo caso omiso introduciéndose súbitamente a su vehículo.

El funcionario norteamericano, solamente se limitó a expresar: "Tratamos el asunto del plan de Guatemala" haciendo alusión al documento firmado por los cinco presidentes del área, el siete de agosto en la capital guatemalteca.

Bosby, fue nombrado recientemente nuevo embajador itinerante, luego de la renuncia de Philip Habib presentada días después de rubricarse los compromisos en Guatemala.

El presidente de la República, José Azcona Hoyo, captado al momento de dialogar con el embajador itinerante de los Estados Unidos, para Centroamérica, Morris Bosby. (Foto Aulberto Salinas).

La Prensa/17 de septiembre de 1987

EN OCTUBRE: AZCONA VIAJARÁ A WASHINGTON

WASHINGTON, 16 DE SEPTIEMBRE. - (DPA). - El presidente Ronald Reagan "muy probablemente" recibirá a su colega de Costa Rica, Oscar Arias, cuando éste visite Washington, la próxima semana, aunque aún no se ha programado el encuentro informó hoy la Casa Blanca.

El vocero presidencial, Marlin Fitzwater, informó asimismo que Reagan tiene programado para las semanas venideras entrevistas con los jefes de Estado de Guatemala, HONDURAS y El Salvador.

Reagan se reunirá el lunes con Vinicio Cerezo, de Guatemala, en Nueva York, donde ambos se encontrarán ese día para hablar ante la Asamblea General de las Naciones Unidas, señaló Fitzwater.

José Azcona, de Honduras, viajará a Washington, a comienzos de octubre, dijo Fitzwater, sin especificar el propósito de su visita, aunque indicando que la invitación habría partido del Capitolio.

Por su parte, José Napoleón Duarte, de El Salvador, efectuará una visita de Estado a Washington el 14 de octubre, agregó.

El vocero presidencial fue asediado por los periodistas que buscaban su reacción a declaraciones del titular de la Cámara de Representantes, Jim Wright, aparecidas hoy en el Washington Post, en las que el legislador demócrata acusa a la Casa Blanca, de socavar el acuerdo de paz firmado en Guatemala el 7 de agosto.

Consultado sobre si la Casa Blanca está "tratando de sabotear la visita de Arias", no convocando a una sesión conjunta del Congreso para escuchar su palabra y no invitándolo a visitar al presidente, Fitzwater replicó que "no hemos estado apoyando el plan Arias y los esfuerzos del presidente Arias, por la paz en Centroamérica".

Fitzwater añadió que fue Wright fue quien invitó a Arias y que desconocía la "naturaleza exacta" del encuentro del visitante con miembros del Congreso, aunque dijo creer que se trataría de una reunión conjunta de bloques, "eso nos parece perfectamente bien", aseguró.

"Nosotros damos la bienvenida a Arias. No tenemos una reunión programada con el presidente (Reagan), pero eso continúa siendo una posibilidad", aseguró el vocero. Reagan "muy probablemente" recibirá al visitante cuando esté en Washington, el martes, dijo.

Fitzwater sostuvo que era sólo una cuestión de detalles que no se hubiera concretado aún una reunión entre los dos presidentes o que la Casa Blanca, no hubiera tomado todavía la iniciativa de pedir a Arias, que visite a Reagan. "El presidente Arias sabe que el presidente desea hablar con él", afirmó el vocero.

En sus declaraciones al Post, Wright declinó detallar que actos de la Casa Blanca, en particular lo movían a sospechar un intento de socavar el acuerdo de Guatemala, pero una fuente cercana al legislador dijo al matutino que la administración lo había presionado a cancelar la invitación que extendió el mes pasado a Arias.

José Azcona Hoyo

La Prensa/17 de septiembre de 1987

MORRIS BUSBY VUELVE A REUNIRSE CON AZCONA

TEGUCIGALPA. - El nuevo enviado especial de los Estados Unidos para Centro América, Morris Busby, se reunió ayer con el presidente José Azcona Hoyo, sin que trascendiera lo tratado.

En la reunión, que duró una hora y media, participaron también el embajador de los Estados Unidos, Everett Briggs, y el ministro de Relaciones Exteriores, Carlos López Contreras.

Tanto Busby como el embajador Briggs no quisieron dar declaraciones, y sus guardaespaldas la emprendieron a empellones contra los periodistas dentro de la Casa Presidencial.

Morris Busby, que sustituyó a Philip Habib, realiza su segunda gira por los países centroamericanos, a excepción de Nicaragua, para intercambiar impresiones con los mandatarios sobre el tratado de paz de Guatemala y la decisión de la administración Reagan de continuar apoyando a los "Contras" nicaragüenses. (TDG).

Tiempo/17 de septiembre de 1987

AZCONA REITERA SU NEUTRALIDAD EN LUCHA INTERNA PARTIDO LIBERAL

COMUNICADO DE PRENSA

El presidente de la República, José Azcona, rechaza categóricamente como infundada la información que aparece hoy en diario La Tribuna respecto a que la Casa Presidencial "pretende lanzar la candidatura oficial del licenciado Carlos Roberto Reina, que se encuentra en La Haya atendiendo nombramiento del Poder Ejecutivo".

La noticia es tendenciosa y contradictoria ya que por un lado hace aparecer al presidente Azcona como propiciando la candidatura presidencial del licenciado Reina y por el otro como arreglando la candidatura del presidente del Congreso Nacional, licenciado Carlos Orbin Montoya.

Esa contradicción echa por tierra cualquier fundamento en que pudiera haberse basado la noticia y, por el contrario, confirma la posición de neutralidad observada por el mandatario hondureño con relación a las elecciones internas del Partido Liberal y también con respecto a los aspirantes presidenciales.

Es importante señalar además que la Casa Presidencial es totalmente ajena a la elaboración y distribución de afiches o de cualquier tipo de propaganda política a favor o en contra de dirigente político alguno y que el único interés del presidente Azcona y de sus colaboradores consiste en llevar adelante los proyectos de desarrollo programados para este período gubernamental.

Asimismo, los diputados, funcionarios, empleados y demás personas que visitan al gobernante lo hacen para informarle sobre las obras que se realizan y sobre los problemas que afrontan en las distintas regiones del país.

El pueblo hondureño debe tener fe y confianza en que tanto el gobernante como el régimen en general, concentran sus esfuerzos en la realización de obras que son necesarias para lograr el bienestar de toda la familia hondureña.

Tegucigalpa, D.C., 16 de septiembre de 1987

Secretaría de Prensa de la Presidencia de la República

AZCONA HOYO

Tiempo/17 de septiembre de 1987

Editorial

LA FATALIDAD LIBERAL

Ilusos son todos aquellos que consideraron que con las elecciones internas se terminaría el canibalismo en el seno del Partido Liberal.

El fatalismo persigue a los colorados, porque pareciera que llevan el virus de la destrucción en la sangre y en sus mentes afiebradas, porque no entienden a estas alturas que la mejor carta para ganar en política, es y sigue siendo la unidad de todas las corrientes, de todos los sectores, de todos sus líderes.

Si Tiburcio Carías Andino no apuntala a Vicente Mejía Colindres, a quienes los propios liberales quisieron echar del poder, antes de que terminara, Mejía Colindres, uno de los patriarcas del Liberalismo, hubiera caído estrepitosamente, a manos de sus propios correligionarios. Cuando Modesto Rodas Alvarado era el indiscutible ganador en las elecciones de octubre de 1963, se dispuso fraguar el golpe de Estado antes de que se abrieran las urnas, a fin de impedir que el hombre de Sabanagrande triunfara en los comicios generales. En ese golpe de Estado, sangriento y terrible, estuvo la mano de más de uno de los dirigentes del Partido Liberal, los que aborrecían

22

a Rodas Alvarado y que habían jurado hacer cualquier cosa para impedir la glorificación de quien se fue a los montes, a los valles, a los caseríos y aldeas diseminados en toda la geografía patria, para buscar el apoyo de las bases.

Los liberales han sido los enterradores de sus propios regímenes, los líderes del gonfalón rojo y blanco, han sido los artífices de algunos de los golpes de Estado que se han dado a lo largo de la historia republicana, porque ha podido más el odio y el orgullo herido, porque no se han satisfecho los caprichos de quienes en determinado momento se consideraron a sí mismos como dioses y encantadores de las multitudes.

Lo que hoy está ocurriendo en las filas del liberalismo, es un negativo fidelísimo de lo que otrora enlutó a la nación. Es una mecánica conocida y que se repite con frecuencia con lamentables saldos de tragedia y dolor.

Algunos consideran que lo mejor es lanzar leña al fuego para avivar las llamas de la división liberal. Quienes así piensan, no aceptarán jamás que la familia liberal se unifique en torno a un líder, porque consideran dentro de su prepotencia que ese eje unificador es cada uno de los pretendientes a la presidencia de la República.

En estos momentos los dirigentes liberales continúan su lucha abierta por acumular puntos para convertirse mañana en el candidato presidencial y nadie será capaz de disuadirlos y promover entre ellos una alianza, un acuerdo patriótico.

No obstante los millones de lempiras recogidos de los empleados gubernamentales, el Consejo Central Ejecutivo está en las puritas latas, sin que se explique a estas alturas dónde está ese dinero, aun cuando existen documentos y escrituras notariales que identifican los millonarios retiros de dinero que se hicieron hace muy poco tiempo, lo que demuestra, dicho sea de paso, la incapacidad del liberalismo de poner orden en su propio partido y su impotencia para castigar a tanto ladrón de los dineros del partido.

En el caso actual, se avizora que los "líderes" liberales no cejarán en su absurdo empeño de ser los primeros en la papeleta presidencial, así se hunda el partido.

Mentes perversas o ingenuas han utilizado a la Casa de Gobierno para lanzar una tonta e incomprensible campaña a favor de un hombre que no aglutina a ningún sector del Partido Liberal y que no representa un consenso sólido en su militancia. Esa pretensión descarada y obstruccionista de toda posible solución, tiene que haber sido concebida por hombres enfermos y anarquizados que ya no saben si luchar contra los demás o contra sí mismos. El presidente Azcona indignado rechazó la posibilidad de estar amparando semejante estupidez.

EL HERALDO quiere dejar constancia histórica de su posición frente a los intereses políticos en pugna dentro del Partido Liberal, en lo que abona nuestra conducta hondureñista, ajena a toda otra bandera partidaria.

Si los dirigentes políticos del liberalismo no llegan a un acuerdo que solidifique una posición de lucha frente a su tradicional adversario, que no enemigo, el Partido Liberal perderá irremisiblemente las elecciones generales del 24 de noviembre de 1989 y el candidato triunfante será Rafael Leonardo Callejas, en el caso de que éste mantenga su avance dentro de los límites tolerables para la opinión pública.

Jamás el liberalismo podrá triunfar dividido, como tampoco podríamos considerar que en 1989 se vuelva a repetir la fórmula electoral de 1985, porque eso sería una catástrofe.

Alguien firme en sus pronósticos sostiene con dos dedos de frente que el próximo presidente de nuestro país lo sería un nacionalista o un militar, con toda la connotación que pudiera tener esta afirmación, salida de una mente analítica al contemplar la devastadora destrucción que se lleva a cabo en las filas del liberalismo.

No puede el Partido Liberal continuar dividiéndose más y más, como producto del anarquismo que se ha apoderado de sus huestes, por cuya razón nos dirigimos a los líderes de base, a los que luchan a brazo partido en los municipios a fin de que ellos abandonen a tanto candidato prematuro, a tantos ambiciosos personajes que jamás podrán sacar triunfante -en condiciones como las que imperan ahora- la bandera bicolor del liberalismo.

El liberalismo dividido pierde y la aplicación de la Opción "B" de 1985, solo satisfará a media docena de aspirantes trasnochados que por tener un mondadientes enfrente, pierden la dimensión monumental del bosque.

Que Dios los tome confesados y les perdone tanta patraña cometida contra los intereses de este desvalijado y explotado país centroamericano.

El Heraldo/17 de septiembre de 1987

ACLARA CASA DE GOBIERNO: AZCONA NO BUSCA EL CONTINUISMO

*** Falso también que se esté promoviendo candidatura de Reina, afirma comunicado.**

La Presidencia de la República rechazó ayer que esté promoviendo la candidatura presidencial del dirigente político Carlos Roberto Reina, tal como lo anunciara un diario capitalino que no es EL HERALDO.

La versión fue calificada como "infundada" en el texto de un comunicado oficial ordenado por el presidente José Azcona Hoyo al enterarse de la publicación en referencia.

"Estamos totalmente sorprendidos por las falsedades que contiene la información en referencia", dijo el secretario de Prensa, Lisandro Quesada.

Añadió que el presidente Azcona respeta las libertades dentro de los partidos políticos y que únicamente apoyará al candidato presidencial del liberalismo "que surja de elecciones primarias".

La versión periodística señalaba que desde la Casa de Gobierno se estaban enviando a los departamentos gran cantidad de formularios para que los liberales del interior los llenaran y pidieran al abogado Reina aceptar la candidatura presidencial del liberalismo.

Igualmente, aseguraba que en las bodegas de la Casa de Gobierno existen 20 mil afiches de Reina listos para ser distribuidos entre los liberales.

Al respecto, Quesada dijo que la Casa Presidencial no dispone de mimeógrafos para imprimir formularios ni de bodegas en las cuales puedan guardarse afiches o cualquier otra clase de documentos.

"La denuncia periodística no es más que una de las típicas maniobras del suazocordovismo para desorientar a los liberales", dijo a EL HERALDO un funcionario que pidió el anonimato.

El comunicado oficial asegura que el presidente Azcona y demás funcionarios de la Casa Presidencial se encuentran dedicados por entero a procurar el bienestar del país.

Añade que la versión periodística entra en evidente contradicción cuando, por una parte, asegura que el presidente Azcona promueve la candidatura de Reina y, por otra, destaca que está tratando de ganarle simpatías al presidente del Congreso Nacional, Carlos Montoya.

Una tercera acusación, contenida en el suelto en referencia, asegura que el presidente Azcona estaría tratando de continuar en el poder después que concluya su mandato constitucional.

"El presidente no está pensando en el continuismo porque conoce y acata sus obligaciones constitucionales", concluyó Quesada.

El Heraldo/17 de septiembre de 1987

AZCONA INAUGURARÁ MAÑANA SUBESTACIÓN

TEGUCIGALPA. - El Presidente Constitucional de la República, ingeniero José Azcona Hoyo, inaugurará este sábado 19, la ampliación a 230 Kv de la Subestación de Interconexión Pavana, en el municipio de Choluteca, departamento del mismo nombre.

El costo de este proyecto es de más de 5.7 millones de lempiras, financiados con fondos propios de la Empresa Nacional de Energía Eléctrica (ENEE), los provenientes del convenio de crédito suscrito por la ENEE con la empresa italiana Astaldi Estero S.P.A. y una donación de la Agencia para el Desarrollo Internacional (AID).

La obra a inaugurarse comprende el patio de maniobras de 230,000 voltios de la Subestación Pavana, equipado con los medios de conexión para las líneas Pavana-León, Nicaragua, la derivación para un autotransformador 230/138 Kv, algunas provisiones para el montaje del futuro terminal de línea Pavana-El Salvador y el futuro equipo de compensación de reactivo.

La ejecución del proyecto tiene como objetivo fundamental el proveer los medios de control, y protección necesarios para el manejo de grandes bloques de energía provenientes de la Central Hidroeléctrica El Cajón y canalizarlos hacia la interconexión centroamericana en forma adecuada y eficaz, garantizando a los países clientes confiabilidad en la entrega de energía de la mejor calidad.

Las labores de diseño y supervisión fueron responsabilidad de personal técnico especializado de la Empresa Nacional de Energía Eléctrica, dependiente de la Subgerencia de Ingeniería y Construcción y la responsabilidad del suministro, montaje y pruebas en operación, estuvo a cargo del consorcio internacional "El Cajón", (CONINCA), quienes subcontrataron a la compañía CELNICSA para la ejecución de las obras civiles.

A la entrega de esta importante obra asistirán además de las máximas autoridades hondureñas y el cuerpo diplomático acreditado en nuestro país, los representantes de las instituciones de energía eléctrica de Centroamérica y Panamá.

La Prensa/18 de septiembre de 1987

/

FLORES FACUSSÉ PIDE A AZCONA NO COMETER ERROR DE SUAZO CÓRDOVA

TEGUCIGALPA. - El virtual nuevo presidente del Consejo Central Ejecutivo del Partido Liberal (CCEPL), Carlos Flores Facussé, condicionó su apoyo a la administración de José Azcona a que éste se mantenga al margen de la lucha política y no intervenga apoyando a ningún aspirante.

La advertencia la formuló Flores Facussé durante una reunión con el también aspirante presidencial Jorge Roberto Maradiaga, con quien se entrevistó ayer por más de una hora para discutir lo relativo a la integración del CCEPL.

Flores Facussé, quien se reunió con Maradiaga en el despacho de éste en el Palacio Legislativo, dijo que se piensa integrar la autoridad máxima del Partido Liberal "para que pueda trabajar en función de todo el liberalismo".

Dijo que ambos dirigentes pretenden que el CCEPL sea una organización "respetuosa y respetada por todos los liberales" sin importar la corriente política a la que pertenezcan.

Aseguró que las autoridades del Partido Liberal no van a ser parcializadas a favor de ninguno de los grupos que apoyan aspiraciones presidenciales.

"No vamos a parcializar ese órgano del partido a favor de ninguno de los grupos", dijo Flores Facussé, quien espera que el presidente Azcona "no intervenga (en el Partido Liberal) queriendo favorecer determinados grupos o candidatos".

El político dijo que una actitud de ese tipo "vendrá a echar por tierra la imparcialidad que nosotros esperamos de los que nos gobiernan".

Dijo que él está dispuesto a apoyar desde su posición en el CCEPL al gobierno de Azcona, pero advirtió que si éste a través del poder público se parcializa a favor de un grupo o candidato habrá que dar una respuesta.

Flores Facussé dijo que no cree que sea el presidente Azcona el que esté impulsando la precandidatura presidencial de Carlos Roberto Reina desde la casa de gobierno.

"Yo dudo por lo menos que el Presidente de la República tenga que ver en algo de eso", sostuvo el aspirante presidencial, señalando que podría ser gente interesada y no Azcona la que promueve a Reina.

El líder del florismo dijo que hasta ahora ha sostenido pláticas con Ramón Villeda Bermúdez y Enrique Ortez Colindres y que no ha logrado comunicarse con el Movimiento Liberal Democrático Revolucionario (M-LIDER).

En el caso del presidente del Congreso Nacional, Carlos Montoya, dijo que éste "no anda muy dispuesto a la conversación con nosotros".

El jefe de la bancada florista en el Congreso dijo que espera que Azcona no cometa el mismo error del ex presidente Roberto Suazo Córdova de querer imponer a su sucesor en la presidencia, o al menos al candidato del partido de gobierno. (GP).

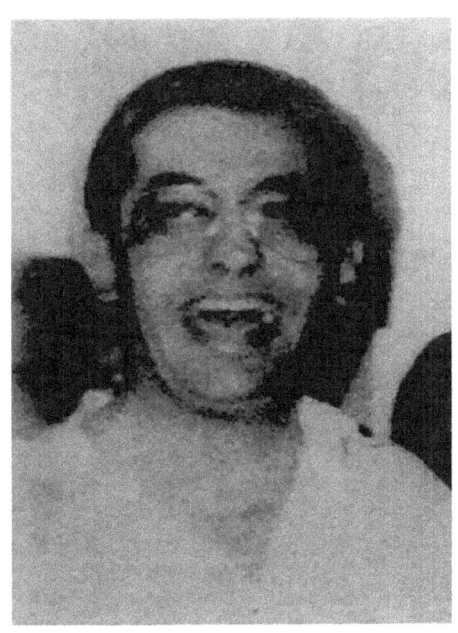

FLORES FACUSSE

*Tiempo/*18 de septiembre de 1987

PRESIDENTE AZCONA JURAMENTA A REPRESENTANTES DEL BASQUET

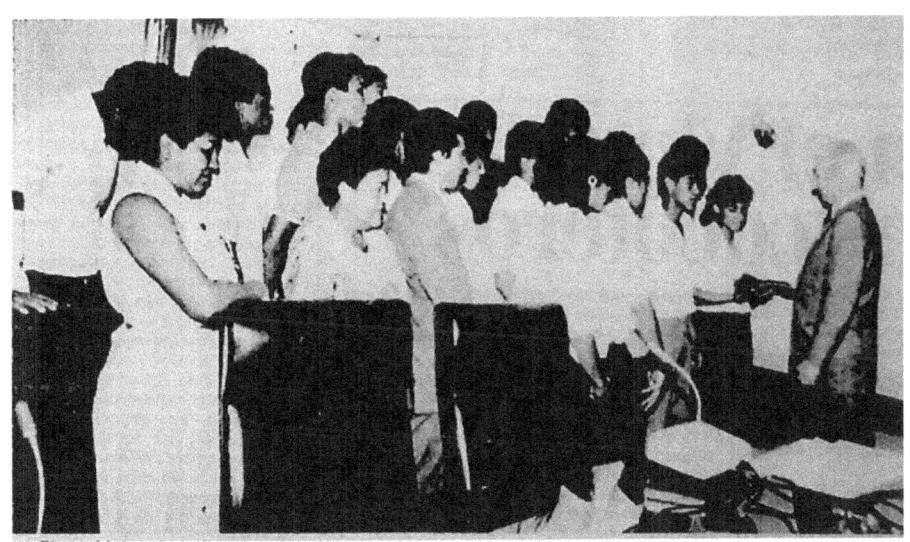

El presidente de la República, José Azcona Hoyo, juramentó a la selección hondureña de baloncesto en ambas ramas el miércoles anterior en Casa de Gobierno, con la presencia de la señora ministro de Educación Elisa Valle de Martínez. Los capitanes de los seleccionados recibieron el Pabellón Nacional.

*La Tribuna/*18 de septiembre de 1987

PRESIDENTE AZCONA: ACUERDO DE PAZ EN UN INDICIO RACIONAL DE NUESTRA AUTONOMÍA

**La independencia es un proceso de desarrollo económico y social.*

El presidente José Azcona manifestó anoche que el Aniversario de la Independencia "coincide con los esfuerzos y los propósitos de paz que los países centroamericanos estamos adelantando mancomunadamente", en base al Acuerdo de Paz suscrito el 7 de agosto en Guatemala.

El objetivo de ese trabajo común, apuntó en su mensaje especial a la nación, es "crear un entorno de armonía social y de convivencia pacífica que nos permita desarrollar nuestras potencialidades sin confrontaciones estériles y sin falta expectativas que generan confusión y desaliento entre nuestros pueblos".

Afirmó que el Acuerdo de Paz "es un indicio racional y categórico de la autonomía y de nuestro pensamiento político y de nuestra voluntad para la cooperación y para el desarrollo común, en un plano de democracia participativa y pluralista".

Esta democracia, prosiguió, debe hacer posible "la intervención de todas las iniciativas en las áreas políticas, económicas, financieras, culturales y sociales de los individuos, sin menoscabo de las libertades y de todos aquellos principios que integran la dignidad de los pueblos".

El mandatario sostuvo que "un orden político de represión y de angustia no puede ser un marco adecuado para darle consistencia y empuje al proceso del bienestar social a que aspiran y tienen derecho todos los pueblos del mundo".

Tampoco "puede un orden totalitario, prosiguió, suplir la naturaleza de los individuos que fueron creados para ser libres y para buscar con vehemencia y alegría la felicidad individual y colectiva".

"Por eso considero esta fecha muy oportuna para reafirmar a los hondureños mi creencia de que debemos actuar unidos en la tarea de fortalecer nuestras instituciones democráticas, nuestros principios republicanos y nuestras convicciones filosóficas, que se fundan en que el hombre es el fin supremo del Estado y no un instrumento de explotación y de esclavitud", declaró el presidente Azcona.

Estos años de haber transitado por el camino de la independencia política, indicó, nos han demostrado que la soberanía, la integridad y la libertad no son dádivas ni son objetos dados a los pueblos por la casualidad o el azar.

"Hemos aprendido también, señaló, que la independencia no es una figura política inmóvil, sino un proceso de desarrollo económico y social, que depende en primera instancia del trabajo tesonero y de la cooperación que los individuos de una nación cualquiera aportan al bien común".

Enfatizó que "mejorar y superar para el bien de todos, en un marco de plenas libertades, es un propósito sincero del presente gobierno, que lo ha llevado adelante a pesar de las limitaciones con que accedimos al poder, como expresión libre de la voluntad popular".

"Pero tenemos conciencia que las tareas del desarrollo para el bienestar y el progreso, deben ser competencia de todos, esfuerzo de todos, voluntad de todos y no como se ha creído hasta ahora: Un quehacer que corresponde únicamente al gobierno", observó.

"Hondureños, dijo: El engrandecimiento de la patria como quehacer de todos y para el beneficio de todos sus hijos nos parece una buena consigna para ser esgrimida en estos momentos difíciles por las confrontaciones ideológicas y por el estancamiento que vivimos en Centroamérica".

El presidente apuntó que Centroamérica como área en vías de desarrollo y como punto estratégico para la defensa democrática del continente, demanda del mayor interés de sus conciudadanos para el fortalecimiento y para la promoción de sus valores auténticos.

"La ocasión es también apropiada para reafirmarle al pueblo hondureño nuestra firme voluntad de trabajar por el bien de todos, nuestra decisión de dar nuestros mejores aportes a la pacificación y democratización del área y nuestra fe inquebrantable de nuestra patria como ejemplo de libertad, de justicia, de paz y de concordia", concluyó el presidente Azcona.

En el estrado principal en el Estadio Nacional estaban el presidente José Azcona, el presidente del Congreso, Carlos Montoya, la ministra Elisa Valle, el designado Alfredo Fortín, el general Humberto Regalado Hernández, el presidente de la Corte Suprema, Salomón Jiménez Castro, el ministro Reginaldo Panting, así como el alcalde Rodimiro Zelaya.

La Tribuna/16 de septiembre de 1987

Regalado Hernández
NO FALLARÁN FF.AA. EN TUTELA DE LA CONSTITUCIÓN Y DERECHOS CIUDA DANOS

El jefe de las Fuerzas Armadas, general Humberto Regalado Hernández, afirmó anoche que esa institución "no fallará en su misión de ser tutelar del orden constitucional en el país, la legitimidad de sus poderes y la vigencia de los derechos que competen al ciudadano en el orden político, social, cultural y humano".

En su discurso, con motivo de la celebración de la Independencia de Centroamérica, expresó que las provincias de la Antigua Capitanía General de Guatemala, adoptaron la decisión histórica de constituirse en nación independiente y soberana "porque tal era la voluntad irreversible de sus habitantes, manifestada en los estudios enjundiosos de sus miembros más ilustrados y en demostraciones populares, donde se clamaba ardientemente por el advenimiento de la libertad y los derechos esenciales que conlleva la autonomía de las asociaciones humanas".

Indicó que, aunque el Acta de Independencia fue un documento eminentemente decorativo, en él se colocaron las bases del nuevo gobierno libre que debería sustituir a la administración colonial, definitivamente cancelada en el pliego inmarcesible.

Se dispuso en el acta la convocatoria de un Congreso Constituyente, cuya misión específica sería aprobar la ley fundamental donde se estatuyese la nueva forma de gobierno.

Tomando en cuenta esos antecedentes históricos, dijo que Honduras no emergió de la independencia como una república plenamente conformada, sino que conservó por mucho tiempo sus nexos federativos y que el proceso formativo de sus instituciones se encuentra en perpetuo devenir.

"Nuestra independencia es y será siempre un tema de inmediata actualidad, apuntó. Además del máximo trofeo de nuestras glorias nacionales, es y continuará siendo una fuerza omnipotente, dinámica, propulsora de nuestros más luminosos pensamientos y de nuestras más caras y nobles aspiraciones individuales y colectivas".

Afirmó que el genio visionario de Morazán y Valle continúa y deberá continuar siempre presidiendo la vida de la República. Cabañas se dirige a nuestros espíritus con sus sabias admoniciones. Dionisio de Herrera continúa ocupando su cátedra de prudente patriotismo y en ningún momento se extingue el brillo del presbítero José Trinidad Reyes, como faro permanente de nuestros anhelos culturales.

La Independencia, como el más preciado de nuestros bienes colectivos y de nuestros tesoros institucionales, señaló, tenemos la obligación permanente de preservarla con celo meticuloso y de mantenerla en todo su lustre y esplendor. En el cumplimiento de esta función patriótica es donde la Constitución de la República asigna deberes tan imperativos como ineludibles a las Fuerzas Armadas de la nación.

"Y en representación de la institución castrense me presento ante ustedes para decirles que no fallaremos en nuestra misión de tutelar del orden constitucional de Honduras, la legitimidad de sus poderes y la vigencia de los derechos que competen al ciudadano en el orden político, social, cultural y humano", manifestó.

"Los hombres de uniforme, agregó, comprendemos que la Independencia no es solamente una posición de libertad y autonomía frente al mundo exterior. Además de este inalienable derecho internacional, interpretamos la Independencia como la prerrogativa que asiste al pueblo hondureño para decidir su propio destino; para darse la forma de gobierno que estime más ajustada a sus intereses y aspiraciones y para elegir con absoluta libertad a las autoridades del Estado".

Señaló que la Independencia es la armónica convivencia cívico-política de los ciudadanos y la consagración a las conveniencias supremas de la Patria, antes que la atención exclusiva de las utilidades particulares. Independencia en el destierro de los extremismos ideológicos como patrón de existencia comunitaria; que es el respeto inconmovible a los dogmas de la fraternidad, a los principios de la justicia, al decálogo de la responsabilidad individual, ya sea en el ámbito de la vida privada o en el ejercicio de las funciones públicas.

"No ponemos en duda, señaló, que a todos los hondureños anima el fervoroso anhelo de luchar y sacrificarse en defensa de la soberanía y la integridad territoriales de Honduras y es justo y natural que a las Fuerzas Armadas nos enorgullezca constituir la vanguardia de este noble pueblo que jamás renunciará a ser libre ni abdicará nunca su honor nacional. Al pueblo del cual nos enaltece y regocija formar parte y al cual respetuosamente ofrecemos hoy el testimonio vibrante de nuestra adhesión y voluntad inspirada de servicio como al único soberano facultado para regir los destinos de la Patria".

La Tribuna/16 de septiembre de 1987

AZCONA SE REUNIRÁ EN USA CON REAGAN

WASHINGTON, 17 Sep. (EFE). - El presidente estadounidense Ronald Reagan se reunirá el lunes con su colega guatemalteco, Vinicio Cerezo, en Nueva York, tras intervenir ante la Asamblea General de las Naciones Unidas, informó hoy la Casa Blanca.

Reagan también mantendrá conversaciones el día 22 con el primer ministro de Japón; Yasuhiro Nakasone, y el de Pakistán, Mohammed Khan Junejo, anunció su portavoz, Martin Fitzwater.

Fitzwater había mencionado el miércoles la reunión de Reagan con Cerezo, mientras se defendía de las acusaciones de legisladores demócratas de que la Casa Blanca trata de socavar los esfuerzos de paz en Centroamérica.

Lo que aún no se había programado el miércoles, aunque se cree que tendrá lugar, es un encuentro entre Reagan y el presidente de Costa Rica, Oscar Arias.

Arias, cuya propuesta de paz regional fue la base del acuerdo alcanzado por los cinco líderes centroamericanos el siete de agosto en la "Cumbre" de Guatemala, intervendrá ante una reunión del Congreso aquí el día 22, invitado por el presidente de la Cámara de Representantes, Jim Wright.

Se espera también -dijo Fitzwater- que Reagan reciba a su colega hondureño, José Azcona, cuando éste visite Washington en las próximas semanas invitado, al parecer, por un legislador norteamericano.

El catorce de octubre, el titular de la Casa Blanca se reunirá con el presidente salvadoreño, José Napoleón Duarte, que estará aquí en visita oficial de Estado.

La Tribuna/18 de septiembre de 1987

HONDURAS NO ESTÁ OBLIGADA A CREAR LA RECONCILIACIÓN

MANAGUA, 17 Sep. (ACAN-EFE). Honduras no está obligada a formar la Comisión Nacional de Reconciliación como lo contemplan los acuerdos de Esquipulas II, afirmó hoy el canciller hondureño, Carlos López Contreras.

El diplomático hondureño dijo poco después de concluir la instalación de las dos reuniones de los cinco cancilleres centroamericanos y del "Grupo de Los Diez" que en "Honduras no hay nada que reconciliar".

"En mi país no ha habido desgarramiento del tipo de una guerra civil para formar una Comisión Nacional de Reconciliación", apuntó el jefe de la diplomacia hondureña.

El "Grupo de Los Diez" lo conforman los cancilleres del "Grupo de Contadora" y su "Grupo de Apoyo", así como los representantes de los secretarios generales de la ONU y la OEA.

La Tribuna/18 de septiembre de 1987

En Choluteca

MAÑANA INAUGURA AZCONA SUBESTACIÓN DE LA ENEE

Las ampliaciones realizadas en la subestación eléctrica de Pavana, Choluteca, serán inauguradas mañana por el presidente José Azcona.

El costo del proyecto asciende a los 5.7 millones de lempiras, siendo financiado por la Empresa Nacional de Energía Eléctrica (ENEE), la compañía italiana Astaldi-Estero y una donación de la Agencia para el Desarrollo Internacional (AID).

La obra comprende un patio de maniobras de 230 mil voltios, medios de conexión y desconexión para las líneas Pavana-Suyapa y Pavana-León, Nicaragua, la derivación para un autotransformador de 230/138 kilovatios y algunas provisiones para el montaje de la futura terminal de la línea Pavana-El Salvador y del equipo de compensación de reactivo.

Al ejecutar este proyecto, el gobierno busca proveer de los medios de control y protección provenientes de El Cajón y canalizarlos hacia la interconexión centroamericana en forma adecuada y eficaz, garantizando a los países clientes un alto margen de confiabilidad en la energía vendida.

Las labores de diseño y supervisión de la obra fueron responsabilidad del personal técnico especializado por la ENEE, dependiente de la subgerencia de Ingeniería y Construcción.

A la ceremonia se harán presentes las más altas autoridades de Centroamérica y Panamá en materia energética, miembros del Cuerpo Diplomático e invitados especiales.

La Tribuna/18 de septiembre de 1987

PRESIDENTE AZCONA PROMETE INCREMENTAR PRESUPUESTO DE SALUD EN 1988

TEGUCIGALPA. - El Presidente de la República, José Azcona Hoyo, confirmó ayer a los dirigentes del Colegio Médico de Honduras, el incremento al presupuesto de Salud para el próximo año, comprometiéndose los galenos a colaborar con el Gobierno en mejorar la distribución y calidad de los servicios en esa área en todo el país.

Por espacio de dos horas, el mandatario dialogó con los dirigentes del Colegio Médico, llegando a la conclusión en formar una comisión técnica que estudiara el monto del aumento a la partida presupuestaria.

El presidente de la organización, Rigoberto Cuéllar, dijo que están dispuestos a colaborar con el Estado para que el próximo año los servicios médicos, que son impartidos por más de 2 mil 300 galenos a nivel nacional, sean mejor distribuidos.

"En tal sentido, dijo Cuéllar, el señor presidente nos ha manifestado su disposición de aumentar el presupuesto, ya que él ha considerado a esta rama, como prioridad fundamental para el bienestar a la población hondureña".

La reunión celebrada ayer por la tarde, fue a instancias del Presidente de la República, que está interesado en establecer una "organización administrativa y asistencial" en el país.

En la actualidad el presupuesto para las secretarías de Salud y Educación constituyen un 45 por ciento del total del presupuesto, sumando el de Salud 250 millones de lempiras.

"Es nuestra obligación ayudar en la parte técnica a este Gobierno con el objeto de lograr una mejor utilización de los servicios de Salud", dijo el presidente del Colegio Médico.

"Es necesaria una mayor implementación de plazas, pues hay muchos médicos generales desempleados que bien pueden ser distribuidos en las áreas rurales", reveló Cuéllar, dando a entender que con el incremento del presupuesto de Salud se contratarían más médicos.

"El Colegio Médico está dispuesto a estimular a sus agremiados para que presten una mejor atención de la salud tanto a nivel del estado como en todas las regiones sanitarias del Ministerio de Salud Pública", concluyó Cuéllar.

La Prensa/18 de septiembre de 1987

MISERIA EN MUNICIPALIDADES EXPONEN A PRESIDENTE AZCONA

TEGUCIGALPA. - La miseria económica en que se encuentran varias municipalidades del país fue expuesta ayer al presidente José Azcona, por la junta directiva de la Asociación de Municipios de Honduras (AMHON).

La nueva directiva, presidida por el alcalde de Tela, Inés Tinoco, aprovechó la audiencia con el mandatario para presentarle un "plan nacional de desarrollo municipal", cuya implementación requerirá de la ayuda gubernamental, según se explicó.

La delegación, integrada por cinco alcaldes y dos funcionarios de la AMHON, también solicitó a Azcona su ayuda para echar a andar un proyecto de reformas a la Ley de Municipalidades, cuyos enunciados a estas alturas son obsoletos.

El alcalde Tinoco dijo que el presidente se comprometió a estudiar el documento y darles una respuesta sobre sus planteamientos en los próximos días.

Dijo el funcionario edilicio que la situación que atraviesan muchas municipalidades del país es tal que a veces no tienen ni dinero para pagar los salarios a sus propios alcaldes.

Tinoco se pronunció a favor de que se prorrogue el período de gobierno de los rectores de las alcaldías, lo que aprovecharían para "seguir trabajando para desarrollar las comunidades".

El plazo legal para que las corporaciones municipales cambien de autoridades vence el próximo 25 de enero, pero se estima que el Congreso Nacional emitirá un decreto para prorrogar los mandatos.

Acompañaron a Tinoco a la cita, los siguientes alcaldes: Apolonio Hernández Argueta, Trujillo; Eduardo Ortega, La Libertad, Comayagua; Gloria Coca de Fletes, Guaymaca, Francisco Morazán; e Hilda Valle de Cardona, Ocotepeque. Además de Lucía Marder y Maritza Cárcamo, funcionarias de la AMHON.

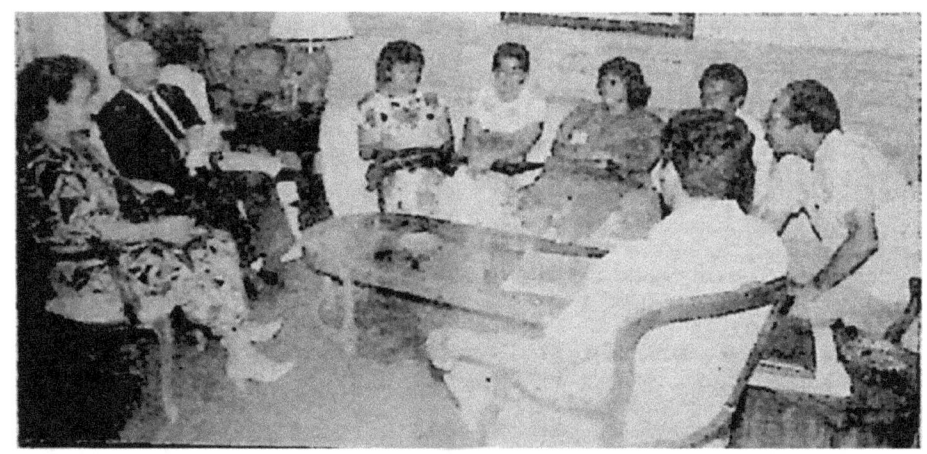

Una delegación encabezada por el alcalde de Tela planteó al presidente Azcona la crítica situación por la que atraviesan las municipalidades.

La Prensa

¿EXCEPCIÓN HISTÓRICA?

MUCHA tinta, papel y palabrerío se han consumido antes y desde que por fin se produjo -hace más de un mes- la tan publicitada reunión cumbre de Guatemala, en la que los cinco gobernantes de los países centroamericanos suscribieron un trascendental acuerdo encaminado a lograr, en determinados plazos, la ansiada pacificación del área.

Habrá que reconocer que, en principio, de una u otra forma los países signatarios han dado signos evidentes de su disposición a cumplir los compromisos contraídos en la cita del 7 de agosto anterior.

Pero no es menos cierto que internamente cada nación sabe dónde y cómo le chima el zapato.

De ahí que los aires de cambio no pueden percibirse drásticamente, como suponemos esperan la opinión pública internacional y algunas de las partes involucradas en el conflicto.

Es alentador, por ejemplo, el curso del diálogo que han iniciado -aunque de momento sea indirecto- el gobierno de Napoleón Duarte y la guerrilla de su país, en la búsqueda de la fórmula conciliadora que anhela el laborioso pueblo salvadoreño.

En lo que concierne a nuestro país, la situación es totalmente diferente, porque el problema doméstico es otro. En lo referente a la integración de las llamadas comisiones nacionales de reconciliación -ya conformadas en los otros países-, el gobierno sostiene oficialmente la posición de que en Honduras este organismo resulta innecesario porque aquí no prevalece ningún estado de excepción y porque, además, el sistema jurídico con que contamos garantiza plenamente la vigencia de los derechos individuales consagrados en la Constitución de la República, mientras que algunas voces como las de la Democracia Cristiana, el PINU y la iglesia católica arguyen que sí existen problemas que limitan el goce de una auténtica confraternidad nacional.

Lo cierto, desde cualquier óptica que se enfoque la situación, es que la misma puede ser superable con más facilidad que echar a los "contras" del territorio nacional, como dicen que le dijo el presidente Azcona al vicepresidente nicaragüense Sergio Ramírez, en reciente reunión celebrada en Tegucigalpa.

Lo que realmente está en veremos es si el gobierno de Managua cumplirá rigurosamente los enunciados del pacto del 7 de agosto, aun cuando internamente haya dado algunos pasos para la restauración democrática. Para el caso, se sabe que, a petición de la Comisión de Reconciliación, encabezada por el cardenal Miguel Obando, el régimen sandinista está considerando seriamente la reapertura del Diario "La Prensa" y Radio Católica, así como la autorización del retorno de algunos sacerdotes que fueron expulsados.

Sin embargo, hace algunos días el ministro de Defensa, Humberto Ortega, proclamó "la irreversibilidad de la revolución por encima del Acuerdo de Guatemala", declaración que, obviamente, hace poner en duda la palabra y la buena fe de los comandantes sandinistas, que siguen manifestando su característica belicosidad incluso contra Costa Rica, cuyo mandatario ha desempeñado un rol estelar en las iniciativas de pacificación de esta convulsa región.

A propósito de un ataque armado ocurrido recientemente en aguas costarricenses por parte de lanchas de guerra sandinistas, el diario josefino "La Nación" escribió los siguientes conceptos:

"La crasa insensibilidad de los sandinistas a toda instancia internacional de convivencia civilizada se manifiesta en forma reiterada desde que tomaron el poder en 1979, mediante el engaño de los pueblos interamericanos. No debería ofuscarnos ante ella el oropel diplomático, ni la euforia pasajera ante la firma del convenio de paz. Hitler también firmó la "paz" con Chamberlain en Múnich; Stalin acordó la democracia en Europa Oriental con Roosevelt, y los herederos de Ho Chi-Minh convinieron en la independencia de Vietnam del Sur con Nixon. ¿Por qué habrían de ser las promesas de los Ortega, Borge y compañía más de fiar que las de sus colegas de dogma totalitario?".

El periódico costarricense puntualiza de esta guisa: "Si el régimen de Managua efectivamente desea demostrar su voluntad de transformarse en una excepción histórica del leninismo, tendrá que empezar por abrir las rejas de El Chipote; desmantelar los comités de defensa sandinistas; levantar las mordazas a la prensa y a la oposición, y expulsar a los "asesores" cubanos y del bloque soviético. Solo así, una vez que el pluralismo realmente haya avanzado en Nicaragua, podrán regocijarse las democracias de la región".

Esperemos, entonces, la llegada del 7 de noviembre próximo, fecha en que se cumpla el plazo para hacer efectivas las disposiciones del acuerdo de Guatemala, para constatar si éste no fue papel mojado.

La Tribuna/16 de septiembre de 1987

APOYAR POLÍTICA REAGAN EN NICARAGUA PIDE AZCONA

El aspirante a la nominación presidencial republicana, Jack Kemp, (centro) al momento de entrevistarse ayer con el mandatario José Azcona. El congresista de Nueva York manifestó que el gobernante hondureño envió un mensaje a los parlamentarios de su país para que no se interpongan en los planes de democratización de Nicaragua que impulsa el presidente Ronald Reagan. (Foto de Aquiles Andino).

*La Tribuna/*9 de septiembre de 1987

EN GIRA CENTROAMERICANA. - Los senadores Steven Symms, Christopher Dodd, John McCain y Terry Sanford (Izquierda) cuando se reunían ayer en la Casa de Gobierno con el gobernante hondureño José Azcona Hoyo, y el comandante en jefe de las Fuerzas Armadas, general Humberto Regalado Hernández. Los visitantes andan en gira por Centroamérica previo a la solicitud que presentará el presidente Ronald Reagan al Congreso para una ayuda adicional de 270 millones de dólares a los contras nicaragüenses. Dodd dijo que Azcona tiene esperanzas de que el Acuerdo de Guatemala será cumplido por los cinco países centroamericanos. (Foto Alejandro Serrano).

*El Heraldo/*19 de septiembre de 1987

DODD: ES NECESARIO SUSPENDER AYUDA A CONTRAS PARA POSIBILITAR LA PAZ

El líder de la mayoría demócrata del Senado de los Estados Unidos, Christopher Dodd, anunció ayer la ayuda de su país a la contra nicaragüense fue rechazada para posibilitar el cumplimiento del Plan de Paz en Centroamérica.

Dodd llegó a Tegucigalpa en compañía de los senadores republicanos Steven Symms y John McCain y del demócrata Terry Sanford. Todo ellos se entrevistaron por la mañana con el presidente José Azcona Hoyo.

"Fue una reunión muy buena la que sostuvimos con el presidente Azcona para analizar el Plan de Paz firmado en Guatemala, especialmente porque el gobernante hondureño tiene esperanza de que los cinco países van a cumplir los puntos del documento", dijo Dodd.

El político norteamericano enfatizó en que es necesario que se suspenda la ayuda a la contra para que pueda cumplirse el Plan de Paz.

Dodd informó que el Senado de su país decidió antenoche, 60 votos a 30, no respaldar una iniciativa del senador conservador Jesse Helms, encaminada a proveer de 310 millones de dólares a los contras para los próximos 18 meses.

"Los senadores republicanos y demócratas queremos darle una oportunidad al Plan de Guatemala", dijo el visitante, quien aseguró además que muchos senadores republicanos, partidarios de la ayuda a la contra, están a favor de que se congele esa asistencia.

Dodd sostuvo que la paz debe tener su oportunidad y que es necesario esperar a que se concrete el documento Esquipulas II.

Sobre el destino de los contras que se encuentran en Honduras, Dodd señaló que el Plan de Paz ya contempla lo que debe hacerse con los alzados en armas.

"Si los nicaragüenses cumplen con el plan no habrá necesidad de tener a los refugiados en ningún país porque se presume que habrá una reconciliación total", agregó.

Por su parte, el republicano McCain dijo que el Senado estudiaría hasta después de noviembre la ampliación de la ayuda a los contras, todo ello dependiendo del avance en la ejecución del Plan de Paz.

La delegación norteamericana partió ayer mismo hacia San Salvador, donde se entrevistó con el presidente José Napoleón Duarte y hoy estará en Managua para dialogar con el presidente Daniel Ortega. Mañana se reunirán con el presidente de Costa Rica, Oscar Arias, en San José.

El senador Christopher Dodd saluda al presidente Azcona mientras los demás visitantes norteamericanos se aprestan a sentarse. A la derecha el jefe de las Fuerzas Armadas, general Humberto Regalado Hernández. (Foto Serrano).

Dodd habla con los periodistas mientras los demás senadores escuchan la entrevista.

El Heraldo/19 de septiembre de 1987

DOOD: SOLO SI NICARAGUA NO CUMPLE SE DISCUTIRÁ AYUDA A LOS CONTRAS

- *Senado de E.U. dará oportunidad al Acuerdo de Paz de Guatemala.*

El Congreso de Estados Unidos dará una oportunidad a Centroamérica para que resuelva sus problemas internos "no reanudando la ayuda económica a los contras nicaragüenses y esperará a que Nicaragua cumpla con el Plan de Paz de Guatemala antes de discutir una nueva ayuda".

Lo anterior fue manifestado por el senador demócrata Christopher Dood, presidente del sub-Comité de Relaciones Exteriores del Senado norteamericano, tras reunirse con el presidente José Azcona, en compañía de sus colegas Steve Symms (republicano de Idaho); John McCain (republicano de Arizona) y Terry Sanford (demócrata de Carolina del Norte).

Dood consideró como "positiva" la reunión con el presidente Azcona y dijo que él, al igual que los senadores que lo acompañan están de acuerdo en la esperanza de que el gobierno hondureño, cumpla con todos los acuerdos adoptados en Esquipulas II (Guatemala) para lograr la paz centroamericana.

Asimismo, dijo que el deseo es que todos los presidentes centroamericanos cumplan su acuerdo.

Aclaró que ellos realizan la gira por Centroamérica en forma personal y no como delegados del Senado.

Después de visitar Honduras, anoche se entrevistarían con el presidente Napoleón Duarte, de El Salvador, hoy con Daniel Ortega, de Nicaragua y para concluir su gira con Oscar Arias Sánchez, de Costa Rica.

Esta visita, según Dood, servirá para discutir con los demás miembros del Senado lo que está pasando en la región, "cómo se da el proceso de pacificación, si hay problemas y cuáles son esos problemas".

Informó que el representante de Carolina del Norte (Sanford) en la sesión última del senado trató de obtener votos para la aprobación de 300 millones de dólares, en un período de 18 meses, de ayuda para la contra, "pero el Senado votó 70 a 30 en contra de tal ayuda".

"Esto es, dijo porque en el Senado tanto republicanos como demócratas queremos dar una oportunidad al Plan de Paz de Guatemala, porque muchos senadores que han apoyado y apoyan a la contra, han comprendido que los cinco presidentes centroamericanos han empezado algo muy importante, una oportunidad para la paz en la región de la América Central".

Por eso es que los senadores han dicho que están dispuestos a terminar con la ayuda para la contra, si los cinco países pueden llegar a un acuerdo, agregó.

Consultado si Estados Unidos recibiría a los contras, si estos pierden, Dood contestó que al irse cumpliendo los puntos del Plan de Paz de Guatemala ese problema de los rebeldes, así como de los refugiados nicaragüenses será superado, "porque los guerrilleros, de uno u otro país, tendrán que acogerse a la amnistía que se les otorgará de acuerdo al plan".

El año anterior Dood afirmó en Tegucigalpa que los contras no son un problema de Estados Unidos, porque ellos están aquí.

Dood afirmó que el Senado sólo discutirá ayuda a la contra "si después del 7 de noviembre Nicaragua no ha cumplido con los puntos del Tratado de Guatemala".

El presidente José Azcona al momento de dar la bienvenida al senador Christopher Dood. Observan sus colegas y el embajador Everett Briggs. (Foto Aquiles Andino).

La Tribuna/19 de septiembre de 1987

AZCONA: SEGUIRÁ ELECTRIFICACIÓN DE ZONA RURAL

El presidente José Azcona Hoyo (de sombrero) corta la cinta simbólica de inauguración de la sub-estación de interconexión de energía eléctrica de Pavana, jurisdicción del municipio de Choluteca, donde prometió llevar, a pesar de la crisis que experimenta la ENEE, la electricidad a todas las poblaciones del país, especialmente a las áreas rurales para que los campesinos no emigren a las ciudades.

*Tiempo/*21 de septiembre de 1987

TODO MUNDO DEBE PAGAR IMPUESTOS: JOSÉ AZCONA

PAVANA, Choluteca. - Varios funcionarios gubernamentales han dejado entrever la necesidad de establecer aumento a los tributos para disminuir la profunda brecha fiscal que afecta al gobierno. Al respecto el presidente José Azcona Hoyo dijo que "no habrá más impuestos, lo que vamos hacer es seguir apretando la percepción de los impuestos, o sea que los contribuyentes que tienen que pagar sus impuestos, los paguen de acuerdo a la ley".

Referente a este tema anunció que "quitaremos algunas prerrogativas y exenciones que gozan algunos sectores, pues creemos que a estas alturas no deben haber sectores privilegiados en el país y todo mundo debe pagar sus impuestos". (FG).

*Tiempo/*21 de septiembre de 1987

NO TIENE NINGÚN VIAJE EL PRESIDENTE PARA PUERTO RICO

TEGUCIGALPA. La Secretaría de Prensa desmintió ayer que el presidente José Azcona Hoyo tenga proyectado viajar a Puerto Rico para asistir a las discusiones del Programa de la Cuenca del Caribe.

Según cables internacionales, el presidente Azcona, al igual que el mandatario de El Salvador, José Napoleón Duarte, viajarían la próxima semana a San Juan, Puerto Rico, para participar, junto a otros gobernantes latinoamericanos, en las discusiones sobre el Programa de la Cuenca del Caribe.

No obstante, el jefe de Información de la Casa Presidencial, Marco Tulio Romero confirmó que el presidente Azcona viajará el 24 de octubre próximo a Mobile, Estado de Alabama, para reunirse con el Consejo para el Desarrollo Hondureño-Estadounidense, y de paso visitará Washington para entrevistarse con el presidente Ronald Reagan.

Azcona también tiene pendiente visitar Ecuador e Italia, cuyos mandatarios lo han invitado. (TDG).

Tiempo/19 de septiembre de 1987

AZCONA COMUNICA A SENADOR DODD SU ESPERANZA EN LOGRAR LA PAZ

- *Suspensión de ayuda a los Contras es "un chance" para el plan de Guatemala, dice el congresista.*

TEGUCIGALPA. - Los senadores estadounidense Christopher Dodd (demócrata), Steven Symms (republicano), John McCain (republicano) y Terry Sanford (demócrata), se reunieron ayer con el presidente José Azcona Hoyo, para conocer el avance del acuerdo de paz en Guatemala.

Christopher Dodd, jefe del sub-comité de Relaciones Exteriores del Senado y que encabeza la delegación, dijo que realizan una gira por Centroamérica para dialogar con los cinco mandatarios sobre el plan de paz, a fin de conocer los problemas que están enfrentando para el cumplimiento del mismo.

Indicó que el presidente Azcona tiene la esperanza de que los cinco países van a cumplir todos los puntos del acuerdo de paz, y ese criterio es compartido también por la mayoría de los senadores norteamericanos.

En cuanto a la decisión de la administración Reagan de continuar la ayuda militar a los "contras" nicaragüenses, Dodd manifestó que es "muy importante" la acción que tomó el Senado el jueves en la noche al rechazar la iniciativa del senador Jesse Helmes de otorgar 310 millones de dólares a los contras para que puedan abastecerse de armas y demás implementos de guerra durante 18 meses.

Señaló que la votación en el Senado fue de 60 contra 30, porque tanto los senadores demócratas como republicanos, "quieren dar un chance, una oportunidad al plan de paz de Guatemala".

Agregó que los senadores que han apoyado la ayuda a la contra, y que todavía la apoyan, "creen que los cinco presidentes han comenzado con algo muy importante, una oportunidad, para la paz en la región de América Central, entonces nosotros estamos diciendo que estamos dispuestos a terminar la ayuda a la contra si los cinco países llegan a un acuerdo".

La decisión del Senado de no dar paso a la iniciativa del senador Helmes para más ayuda a los contras, añadió Dodd, es un "mensaje a los nicaragüenses como a los otros países y la contra también".

Por su parte, el senador republicano John McCain expresó que "si los nicaragüenses cumplen completamente con el acuerdo, no habrá necesidad para tener ningún campamento de contras en ningún país, porque habrá una reconciliación total".

Dijo que la mayoría de los senadores están de acuerdo en considerar una nueva ayuda a los contras hasta después del 7 de noviembre, en caso de que el plan de paz de Guatemala, firmado por los cinco presidentes centroamericanos el 7 de agosto pasado, no tenga el éxito que se espera en el plazo de 90 días que se ha fijado. (TDG).

Momentos en que el presidente José Azcona del Hoyo da la bienvenida al senador Christopher Dodd.

*Tiempo/*19 de septiembre de 1987

AZCONA VIAJA EL 24 A ALABAMA

El presidente José Azcona viajará el próximo 24 de octubre a la ciudad de Mobile, Estado de Alabama, donde sostendrá una reunión con el Consejo para el Desarrollo Hondureño-Estadounidense.

El jefe de Prensa de Casa de Gobierno, Marco Tulio Romero, informó que el mandatario aprovechará su estancia para hacer escala en Washington, donde probablemente se reunirá con el presidente Ronald Reagan.

Romero dijo que el presidente Azcona no viajará a Puerto Rico, como se había anunciado en un cable procedente de San Juan, donde asistirán varios jefes de Estado latinoamericanos a la reunión sobre el Programa de la Cuenca del Caribe, prevista para el 27 del presente mes.

Por otra parte, apuntó que el gobernante tiene pendiente las invitaciones por los presidentes, León Febres Cordero, de Perú, Allan García y otra invitación para viajar a Italia.

La Tribuna/19 de septiembre de 1987

Para cumplir Plan de Guatemala:

SENADO NORTEAMERICANO DECIDE NO DAR NINGUNA AYUDA ADICIONAL A "LA CONTRA"

TEGUCIGALPA. (Por Faustino Ordóñez Baca). - El pleno del Senado norteamericano ha decidido no aprobar ninguna ayuda adicional a la contra para "dar un chance" a los cinco presidentes centroamericanos de que cumplan con los compromisos adquiridos en Guatemala, reveló ayer el senador demócrata Christopher Dodd, tras entrevistarse con el presidente José Azcona Hoyo.

Dodd y sus compañeros de la Cámara Alta, los republicanos Steven Symms y John McCain, y el demócrata Terry Sandford, dialogaron ampliamente la mañana de ayer con el mandatario para escuchar sus puntos de vista respecto a la implementación de los compromisos suscritos en la capital guatemalteca el pasado siete de agosto.

Los cuatro senadores realizan una gira por la región como miembros del "Comité de Observación" nombrado por el Senado para vigilar el cumplimiento de los enunciados en el documento denominado "Procedimiento para establecer la paz firme y duradera en Centroamérica".

Dodd, que estuvo en Honduras en enero anterior, dijo que el Senado, incluyendo los republicanos y demócratas, han decidido no aprobar ninguna ayuda adicional para dar una oportunidad para que las naciones del istmo cumplan con los compromisos.

Prueba de ello, dijo el político norteamericano, es que en las últimas horas se votó (60 a 30) en contra de una moción del senador de Carolina del Norte, Jesse Helms, que se orienta a conseguir una ayuda adicional de 310 millones de dólares para la resistencia nicaragüense que sería implementada en 18 meses.

"Fue una reunión muy buena con el presidente Azcona, discutimos el Plan de Guatemala, nosotros sabemos que el presidente Azcona, tiene la esperanza de que los cinco países van a cumplir todos los puntos del Plan de Guatemala", declaró Dodd.

"Estamos aquí como observadores solamente, no estamos para aprobar una parte de este plan sino solamente para hablar con los presidentes", agregó.

La gira la completarán los senadores reuniéndose con los gobernantes Duarte, Ortega, Arias y Cerezo, de El Salvador, Nicaragua, Costa Rica y Guatemala, respectivamente, informó.

Dijo Dodd que las observaciones recogidas durante la gira serán discutidas con sus compañeros del Senado.

La decisión que ha adoptado el Senado para improbar nuevos desembolsos a los rebeldes nicaragüenses significa "un mensaje" al presidente Ortega y los demás del área, sentenció Dodd, quien a la vez es el jefe del Subcomité del Senado para Asuntos Hemisféricos.

En la visita que Dodd hizo en enero al país, y al referirse a la contra, dijo que "este es un problema de Honduras y no de Estados Unidos".

Al ser preguntado nuevamente sobre este particular, en la improvisada conferencia de prensa de ayer, Dodd dijo que si se cumplen los compromisos de Guatemala no habría necesidad de que los contras y otros grupos armados sigan operando.

Por su lado, el senador republicano, Steven Symms, dijo que "según el acuerdo, la obligación para evacuar los campamentos de contras, será únicamente después de cumplirse el acuerdo".

"Si los nicaragüenses cumplen con todo el acuerdo, no habrá necesidad para tener un campamento en ningún país porque habrá una reconciliación total", añadió.

Congresistas de Estados Unidos se entrevistaron ayer con el presidente Azcona.
(Foto Salinas).

La Prensa/19 de septiembre de 1987

AZCONA INAUGURARÁ NUEVO INTERCONECTOR DE ENERGÍA

El presidente José Azcona Hoyo inaugurará hoy, a las 10 de la mañana, la ampliación de la subestación de interconexión eléctrica de Pavana, Choluteca, que tiene un costo de 5.7 millones de lempiras.

La ampliación consiste en 230 mil voltios, medios de conexión y desconexión para las líneas de Pavana-Suyapa y Pavana-León, Nicaragua, la derivación para un autotransformador de 230 a

138 kilovatios y algunas provisiones para el montaje de la futura terminal de la línea Pavana-El Salvador.

A los actos de inauguración asistirán las autoridades de Centro América y Panamá en materia energética, miembros del Gabinete de Gobierno y del Cuerpo Diplomático acreditado en Honduras. (TDG).

Tiempo/19 de septiembre de 1987

NO DECRETARÉ MÁS IMPUESTOS: AZCONA

El presidente Azcona inauguró el sábado una subestación de energía eléctrica para interconectar los países centroamericanos. Allí aseguró que su gobierno no decretará más impuestos y que se procederá a analizar la conveniencia de constituir la Comisión de Reconciliación Nacional. (Foto Rolando Mondragón).

El Heraldo/21 de septiembre de 1987

ESTUDIAREMOS LA POSIBILIDAD DE CREAR COMISIÓN DE RECONCILIACIÓN

El presidente José Azcona Hoyo informó que su gobierno va a estudiar la posibilidad de integrar la Comisión de Reconciliación, como se contempla en el Acuerdo de Paz "Esquipulas II", suscrito por los cinco mandatarios centroamericanos el pasado 7 de agosto.

Lo anterior lo indicó luego que el gobierno de Costa Rica anunciara que sí integrará dicha Comisión para que no se diga que su país incumple el tratado propuesto por el mismo presidente Oscar Arias.

Azcona Hoyo, no con un sí ni con un no rotundo, señaló que van a estudiar la mencionada integración pues "no tenemos ningún problema en hacerlo".

Sin embargo, para el mandatario no hay condiciones que obliguen o hagan necesario que Honduras integre la Comisión, al sostener que "nosotros no vemos la necesidad de hacerlo porque aquí no tenemos presos políticos, ley de emergencia, estado de sitio, hay una absoluta libertad de prensa, no hay condiciones que nos obliguen a hacerlo, pero vamos a estudiarlo, no tenemos ningún problema en hacerlo".

El primer país que integró la Comisión fue Nicaragua, y es presidida por el cardenal Miguel Obando y Bravo, seguido por El Salvador y Guatemala y ahora Costa Rica, por lo que sólo Honduras faltaría de cumplir el acuerdo firmado por las cinco naciones.

Entre tanto, el canciller hondureño Carlos López Contreras afirmó el viernes en Managua, en una reunión con sus colegas del área, que "no integrarán la comisión pues no hay nada que reconciliar".

NO IMPONGO PRECANDIDATO

Por otro lado, y ante las declaraciones del aspirante presidencial Jorge Roberto Maradiaga, el mandatario aseguró que "no estoy escogiendo ni imponiendo precandidato" en las filas del Partido Liberal, sino que "he externado una opinión como liberal y tengo derecho de hacerlo".

Luego de las elecciones internas para integrar el Consejo Central Ejecutivo y la opinión dada por Azcona Hoyo sobre el resultado, Maradiaga manifestó que "cualquier persona puede aspirar a la Presidencia al tenor de la ley, pero si el presidente trata de imponer un candidato la historia lo va a juzgar acremente".

"Eso no es cierto, me extraña que haya dicho eso Jorge Roberto Maradiaga puesto que ha sido un amigo, fue parte importante de mi campaña, y él sabe que ni a él ni a ninguna persona de los altos funcionarios que lo apoyan, como por ejemplo el gerente de la ENEE, Jack Arévalo, o el viceministro de Comunicaciones Bayardo Paguada y otros, no se les ha coartado la libertad para hacerlo", refutó.

Agregó que más bien "todo lo contrario, el mismo Maradiaga llega a la Casa Presidencial infinidad de veces, me ha sorprendido esa cuestión porque no es cierto; ahora él dice que no acepta lo que yo digo del número de aspirantes".

Lo que digo y aún sostengo -reiteró- es que si el Partido Liberal concurre a las próximas elecciones con cinco o más precandidatos va a tomar el riesgo de perder las elecciones aun cuando es mayoritario respecto al nacionalismo.

"Deben ser dos o tres a lo sumo, sean los que sean, que ellos hagan los arreglos necesarios, yo no estoy escogiendo precandidatos, estoy extrañado por esas declaraciones, lo que hice fue externar una opinión como liberal, a lo que tengo derecho", expresó el mandatario.

NO VAN LOS IMPUESTOS

En otro orden de ideas, el presidente descartó la aprobación de nuevas cargas tributarias, pero sí mantuvo que se seguirá "apretando", en cuanto a la percepción de impuestos, a todos los contribuyentes.

"Lo que sí se está estudiando es quitar algunas prerrogativas, algunas excepciones que tienen ciertos sectores y que a estas alturas no deben tenerlas porque no deben haber sectores privilegiados en el país, todos deben pagar los impuestos, pero no creo que haya aumento de gravámenes", anunció.

Lo anterior viene a alejar el fantasma que se creó luego de las declaraciones del presidente del Banco Central, Gonzalo Carías, quien dijo que el gobierno va a tomar "medidas heroicas" para reducir el déficit fiscal y entre ellas nos descartó la creación de nuevos tributos.

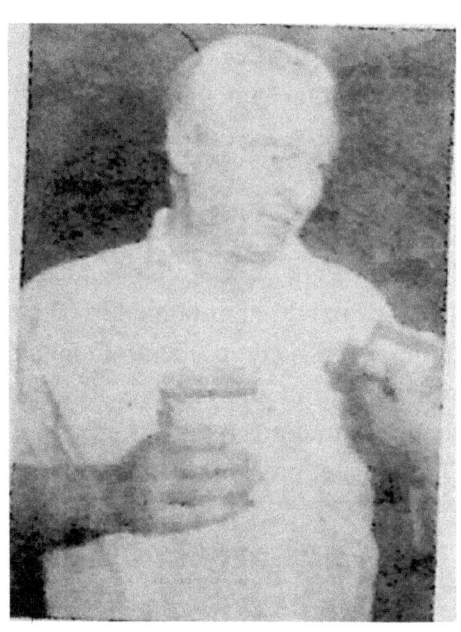

Azcona: no se crearán más impuestos.

*El Heraldo/*21 de septiembre de 1987

PRESIDENTE ANUNCIA QUE ESTUDIARÁ CREACIÓN COMISIÓN RECONCILIADORA

PAVANA, CHOLUTECA. - El presidente José Azcona Hoyo anunció que el gobierno habrá de estudiar la posibilidad de la integración de la Comisión Nacional de Reconciliación en cumplimiento a lo pactado en el acta de paz suscrita por los gobernantes centroamericanos el pasado siete de agosto en Esquipulas II.

El gobernante brindó estas declaraciones el sábado anterior, después de inaugurar la ampliación de la sub-estación de interconexión de Pavana, Choluteca.

Ante el reclamo unánime de algunos sectores del país por la integración de la Comisión Nacional de Reconciliación, el titular del Poder Ejecutivo manifestó que se iba a estudiar la creación de este organismo.

"Aunque no tenemos la necesidad de hacerla porque en Honduras no tenemos presos políticos, no hay ley de emergencia, estado de sitio ni de tensión", opinó.

En el país hay libertad de prensa absoluta e irrestricta y no hay condiciones para que sea necesaria la integración de esa comisión reiteró, pero "vamos a estudiarla, no tenemos ningún problema".

JOSÉ AZCONA

*Tiempo/*21 de septiembre de 1987

49

ESPERAN PRESENCIA DE AZCONA Y DUARTE EN PUERTO RICO

SAN JUAN. (AP) - Puerto Rico espera que los presidentes José Azcona Hoyo, de Honduras y José Napoleón Duarte, de El Salvador, participen aquí en una conferencia de países de la Cuenca del Caribe y Centroamérica, en la que se discutirá el desarrollo de sus economías, dijo hoy Daniel Vélez, vocero oficial del gobierno.

Dijo que los presidentes centroamericanos, menos el nicaragüense Daniel Ortega, fueron invitados a la reunión, pero que por lo menos dos de ellos avisaron que no podrán asistir.

Según Vélez, el presidente de Guatemala Vinicio Cerezo comunicó que no podría venir por tener compromisos en la fecha en que se efectuará la conferencia, programada entre el 23 y 27 de septiembre.

Agregó que, por su parte, el presidente de Costa Rica Oscar Arias no podrá asistir porque para esa fecha se encontrará en Washington, donde se reunirá con el presidente Ronald Reagan, a quien explicará el Plan de Paz para Centroamérica, aprobado en agosto en Guatemala.

Arias es el creador del plan pacificador para la región centroamericana, aprobado por los cinco mandatarios, y que debe ser llevado a cabo a partir del próximo mes de noviembre.

El presidente de Cuba Fidel Castro tampoco fue invitado.

"Esperamos que los presidentes Azcona Hoyo y Duarte asistan a la conferencia, aunque el gobernador Rafael Hernández Colón, hará el anuncio oficial en los próximos días", dijo Vélez.

*La Prensa/*21 de septiembre de 1987

ME EXTRAÑA QUE MARADIAGA DIGA QUE APOYO A MONTOYA: JOSÉ AZCONA

PAVANA, CHOLUTECA. - El presidente de la República, José Azcona Hoyo, se refirió a las quejas del precandidato liberal Jorge Roberto Maradiaga en el sentido de que el presidente apoya la corriente de Carlos Orbin Montoya.

"No es cierto, me extraña que haya dicho eso el doctor Jorge Roberto Maradiaga, quien fue un amigo importante en mi campaña, y él sabe perfectamente que no se le coartó de la enorme cantidad de empleados de alto nivel que lo estaban apoyando en su precandidatura", indicó.

Reforzó su tesis al señalar funcionarios como el gerente de la Empresa Nacional de Energía Eléctrica (ENEE), Jack Arévalo y el viceministro de Comunicaciones, Obras Públicas y Transporte, Bayardo Pagoada, quienes fueron colaboradores cercanos de Maradiaga en los pasados comicios, y es por esa razón que "me ha sorprendido esa cuestión porque eso no es cierto".

Repitió que si el Partido Liberal concurre a las próximas elecciones presidenciales con cinco o seis precandidatos corre un riesgo enorme de perderlas, aun cuando su partido es mayoritario indiscutible en Honduras.

"Con esto no estoy escogiendo candidato, únicamente exteriorizo una opinión como liberal que tengo derecho a hacerlo. Los precandidatos son los que deben hacer los arreglos necesarios para vencer unificados en las elecciones presidenciales de 1989 al Partido Nacional", aclaró.

*Tiempo/*21 de septiembre de 1987

AZCONA A EUA EN OCTUBRE

El presidente José Azcona Hoyo visitará los Estados Unidos a fines de octubre próximo, confirmó ayer el vocero presidencial, Marco Tulio Romero.

Azcona visitará inicialmente el Estado de Alabama para participar en una reunión de empresarios hondureños y norteamericanos.

Posteriormente, se desplazará a Washington para sostener conversaciones con el presidente Ronald Reagan y otros dirigentes de esa nación.

Azcona fue invitado a visitar Washington el mes pasado en ocasión de la visita que hizo a nuestro país el senador y aspirante presidencial Robert Dole.

El informante no precisó si el presidente Azcona hablaría al pleno del Congreso y del Senado como lo hará en breve el presidente de Costa Rica, Oscar Arias.

AZCONA EN CHOLUTECA: EXCEDENTE DE LA ENERGÍA SERÁ VENDIDO A PAÍSES DE C.A.

TEGUCIGALPA. - El Presidente de la República, José Azcona, inauguró el sábado recién pasado, la ampliación de la subestación de interconexión Pavana, en el municipio de Choluteca, departamento del mismo nombre.

Este proyecto tiene un costo de más de 5.7 millones de lempiras, financiado con fondos de la Empresa Nacional de Energía Eléctrica y un convenio de crédito suscrito con la empresa italiana Astaldi Estereo S.P.A. y una donación de la Agencia para el Desarrollo Internacional (AID).

La obra, comprende el patio de maniobras de 230.000 voltios, de la subestación Pavana, equipado con los medios de conexión y desconexión para las líneas Pavana-León, Nicaragua, la derivación para un autotransformador 230/138 kv, algunas provisiones para el montaje de la futura terminal de línea Pavana-El Salvador y el futuro equipo compensación de reactivo, lo más importante es que este proyecto sirve para controlar grandes bloques de energía.

El gerente de la ENEE, Jack Arévalo, dijo que esta obra contribuye a la unificación de los países centroamericanos que con una población de 25 millones de habitantes necesita eslabones de adhesión.

Prometió que al final del período de la gestión administrativa del presidente Azcona, el 80% del sur será electrificado, habló también del apoyo que reciben las camaroneras para convertirlas en fuente de desarrollo e industria.

Por su parte, el Presidente de la República, José Azcona, ratificó que la inauguración del patio de Maniobras Pavana servirá para que el excedente de energía hondureña sea trasladado a Nicaragua, Costa Rica, Panamá y El Salvador.

Advirtió que Honduras no será permanentemente el proveedor de Centro América; previéndose que en momentos difíciles o de emergencia estas mismas líneas otorguen energía a nuestro país.

Indicó que el millonario proyecto El Cajón, por los momentos es utilizado en un 55% de capacidad, pero con las futuras obras a realizarse, esa energía será copada, de ahí la necesidad de establecer conexiones con toda el área centroamericana.

Hizo un desglose de las ventajas que tiene la energía eléctrica, advirtiendo que, en la forma que se desarrolló actualmente la electrificación, no será posible superar estas obras ni en los próximos cinco siglos.

El presidente Azcona recordó las consecuencias que ha tenido para la economía nacional el gasto de 1,600 millones de lempiras en el proyecto El Cajón y lo que ahora tiene que hacerse para poder distribuir esa energía.

Refiriéndose de las críticas que se hacen a la electrificación rural, indicó que no son apropiadas, porque lo que se pretende es que el campesino y el hondureño de tierra adentro no salga a los cascos urbanos por falta de energía.

El presidente Azcona observa los tableros computarizados de la Subestación de Interconexión Eléctrica Pavana, en Choluteca. (Foto Aulberto Salinas).

El mandatario Azcona Hoyo, habló que la Subestación de Interconexión Pavana, servirá para vender energía a Centroamérica. (Foto Aulberto Salinas).

La Prensa/21 de septiembre de 1987

AZCONA REVOCÓ DESPIDOS DE EMPLEADOS EN LA ENP

PUERTO CORTES. - Una llamada del presidente de la República José Simón Azcona, revocó el viernes anterior la orden de despido dada a una decena de empleados laborantes en la Empresa Nacional Portuaria por presión del sindicato de este ente semi-autónomo.

La decisión presidencial, se fundamentó por el hecho que varios de los que ya habían recibido su correspondiente sobre blanco de parte de la División de Recursos Humanos, fueron activistas de la campaña que llevó al poder al actual mandatario.

Quienes ya habían sido cesanteados, fueron invitados a continuar desempeñando normalmente sus funciones, ofreciendo las disculpas del caso por habérseles notificado la separación en sus cargos.

Una fuente sindical dijo a LA PRENSA que la orden del presidente Azcona anula prácticamente el acta de compromiso firmada en Tegucigalpa en julio último por el SITRAENP y una comisión de alto nivel donde se disponía la separación del entonces gerente Craniotis y personal supernumerario.

Según fuentes confiables, el sindicato portuario que dirige Moisés Henríquez Alberto no se cruzará de brazos ante esta situación, por lo que se advierte que esta semana resurgirá la tirantez en las relaciones obrero-patronales, aunque se sabe que, de esto, no tiene nada que ver el actual gerente Miguel Ángel Casanova. (Puerto).

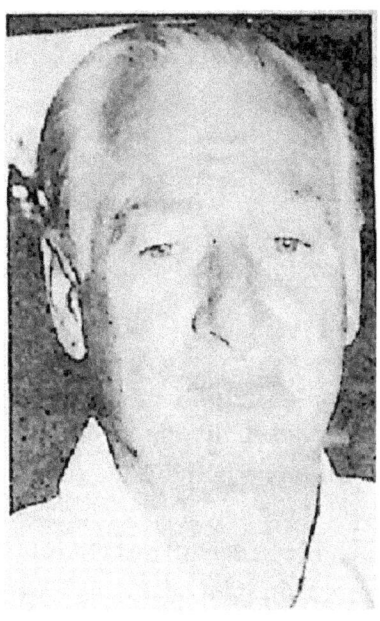

Azcona Hoyo

La Prensa/21 de septiembre de 1987

PRESIDENTE SE REÚNE CON LA CÚPULA DEL AZCONISMO

Los diferentes sectores del azconismo se reunieron la semana anterior en Tegucigalpa con la finalidad de reagrupar sus fuerzas, de acuerdo a fuentes presentes en la cita, y lograr un consenso para promover una candidatura única que se oponga a Carlos Flores Facussé.

De acuerdo a lo informado, a la reunión asistió el mandatario José Azcona Hoyo, quien en carácter de militante del Partido Liberal está interesado en la unificación del movimiento que lo llevó al poder.

La reunión fue entre los miembros de la Comisión Política del Azconismo, la cual está integrada por Céleo Arias Moncada, Arturo Rendón Pineda, William Hall Rivera, Rodrigo Castillo Aguilar y Carlos Montoya, último que se encuentra fuera del país desde la semana anterior, por lo que se cree no asistió a la cita.

El aspirante presidencial Jorge Roberto Maradiaga no participó porque no se le extendió invitación, aunque sí a su más cercano colaborador, Jack Arévalo, quien prefirió también no asistir.

Los motivos por los que no se invitó a Maradiaga se desconocen, aunque ello podría obedecer a las acusaciones que ha hecho públicamente contra el presidente Azcona Hoyo, al asegurar que está apoyando la candidatura de Montoya.

Los acuerdos preliminares logrados en esa secreta reunión se desconocen, porque todos sus participantes han preferido ocultar hasta ahora lo que allí se trató.

El lugar de la reunión fue, según se dijo, la casa del ministro de la Presidencia, Céleo Arias Moncada, a quien se le menciona como uno de los responsables de los panfletos tirados en la Casa Presidencial en favor de la candidatura de Carlos Roberto Reina.

El Heraldo/21 de septiembre de 1987

A un costo de más de L.5 millones

ENEE INAUGURA SUBESTACIÓN PARA INTERCONECTAR PAÍSES DEL ÁREA

Choluteca. - A un costo de 5.7 millones de lempiras, el presidente José Azcona Hoyo inauguró el sábado la ampliación a 230 kilovoltios de la Subestación de Interconexión Pavana, con la cual se busca integrar a los países de Centroamérica al servicio de energía eléctrica.

La obra comprende el patio de maniobras de 230 mil voltios de la Subestación Pavana, equipado con los medios de conexión y desconexión para las líneas Pavana-León, Nicaragua; la derivación para un autotransformador 230/138 KV, algunas provisiones para el montaje de la futura terminal de línea Pavana-El Salvador y el futuro equipo de compensación de reactivo.

El proyecto fue financiado con fondos propios de la Empresa Nacional de Energía Eléctrica (ENEE), provenientes del convenio de crédito suscrito con la empresa italiana ASTALDI ESTERO S.P.A., y una donación de la Agencia para el Desarrollo Internacional (AID).

A los actos fueron invitados los representantes de las instituciones de energía eléctrica del área incluyendo Panamá, pero sólo llegaron el viceministro de Energía de Nicaragua, teniente coronel

Carlos Molina, y por El Salvador, Francisco Granadino, director del Instituto Hidroeléctrico del Río Lempa.

Asimismo, asistieron el embajador de Italia, Mario Alberto Montecalvo, y el representante del Consorcio Internacional El Cajón "CONINCA", Etore Tedeschi. En la comitiva gubernamental estaban además el gerente de la ENEE, Jack Arévalo; el ministro de la Presidencia, Céleo Arias Moncada, y el director del INA, Mario Espinal.

También el viceministro de Comunicaciones, Bayardo Paguada; el ministro asesor presidencial Carlos Falck Contreras; por las Fuerzas Armadas el teniente coronel Jorge Puerto Martínez, miembros del cuerpo diplomático acreditados en nuestro país e invitados especiales.

Azcona Hoyo dijo que con la inauguración del patio de maniobras se está dando un paso importante para la integración centroamericana, al facilitar energía a países que son deficitarios en ese aspecto.

Momentos en que el mandatario cortaba la cinta de la nueva obra, que comprende un patio de maniobras y un autotransformador, a un costo de 5.7 millones de lempiras. (Foto Rolando Mondragón).

Según el mandatario, con los 1,600 millones invertidos en el proyecto hidroeléctrico El Cajón, se tiene una capacidad de energía que no se va a utilizar ni en los próximos cinco siglos; y por lo tanto su excedente, pues sólo opera al 55 por ciento de su capacidad, puede ser canalizado a los vecinos países.

No obstante, aclaró que en momentos de emergencia dichas líneas de flujo serán reinvertidas y serán esas naciones las que provean a Honduras, ya que además su gobierno está dando impulso a la electrificación rural, sobre todo de importantes zonas productivas como Olancho y El Paraíso.

"Sin embargo, se está criticando por algunos hondureños los esfuerzos que hacemos por la electrificación rural. Yo creo que la ENEE tiene que llenar una función social, tenemos que llevar electricidad como un pequeño aporte a esas poblaciones para que los campesinos no se trasladen a los centros urbanos a incrementar los centros y los cinturones de miseria, y por eso no vamos a parar estos proyectos hasta concluirlos", afirmó.

Mientras tanto, el gerente de la ENEE señaló que la interconexión mencionada es otro eslabón tendiente a la unificación de los países centroamericanos que albergan 26 millones de habitantes, colocando a la región en el quinto sector poblacional de América Latina y en el cuarto en cuanto al producto interno bruto, así como en la importación y las exportaciones.

El Heraldo/21 de septiembre de 1987

(A pesar de la crisis de la ENEE)

NO PARARÁ ELECTRIFICACIÓN DE ZONA RURAL, DICE AZCONA

- *Inauguran subestación de Interconexión en Pavana, Choluteca*

PAVANA, CHOLUTECA- Llevar la energía eléctrica a todas las poblaciones del país, especialmente a las rurales como un aporte para que los campesinos no se trasladen a las zonas urbanas en donde aumentan y crean centros y cinturones de miseria, prometió el presidente José Azcona Hoyo al inaugurar el sábado anterior la ampliación de la sub-estación de interconexión de aquí.

El recién inaugurado proyecto está ubicado en el caserío de Agua Caliente de Pavana a 20 kilómetros de la ciudad de Choluteca.

En el evento estuvieron presentes además de Azcona Hoyo, el ministro de la presidencia Celeo Arias Moncada, el ministro asesor de la presidencia, Carlos Falck Contreras, Mario Espinal, director del Instituto Nacional Agrario, el gerente de la Empresa Nacional de Energía Eléctrica (ENEE), Jack Arévalo y el representante del jefe de las Fuerzas Armadas, teniente coronel Jorge Puerto Martínez.

También el embajador de Italia en Honduras, Mario Alberto Montecalvo, Ettore Tedesky, representante del Consorcio Internacional "El Cajón" (CONTINCA) el secretario ejecutivo de la ENEE, José Luis Marín, Bayardo Pagoada, Vice-ministro de Comunicaciones, Obras Públicas y Transporte, el vice-ministro del Instituto Nicaragüense de Energía, Carlos Molina y el director de la junta directiva de la Comisión Ejecutiva Hidroeléctrica del Río Lempa de El Salvador, Francisco Gonzáles.

El costo del proyecto asciende a más de 57 millones de lempiras, financiados con fondos propios de la ENEE, otros provenientes del convenio de crédito suscrito por la dependencia estatal con la empresa italiana Astaldi Estero S.P.A. y una donación de la Agencia para el Desarrollo Internacional (AID).

La obra inaugurada comprende el patio de maniobras de 230 mil voltios de la sub-estación Pavana equipada con los medios de conexión y desconexión para las líneas Pavana León, Nicaragua, la derivación para un autotransformador 230/138 kilovoltios, algunas provisiones para el montaje del futuro terminal de línea Pavana-El Salvador y el futuro equipo de compensación de reactivo.

Las labores de diseño y supervisión fueron responsabilidad de personal técnico especializado de la ENEE, dependiente de la sugerencia de ingeniería y construcción, mientras el suministro, montaje y pruebas en operación estuvo a cargo del Consorcio Internacional "El Cajón".

El objetivo fundamental de la sub-estación es proveer los medios de control y protección necesario para el manejo de grandes bloques de energía provenientes de la central hidroeléctrica "El Cajón" y, canalizarlos hacia la interconexión centroamericana en forma adecuada y eficaz, garantizando a los países clientes, confiabilidad en la entrega de energía de la mejor calidad.

Azcona Hoyo en su discurso inaugural dijo que con este proyecto se da un paso importante para la integración centroamericana, y que "estamos facilitando nuestra energía que en este momento tenemos excedente a países como Nicaragua, Costa Rica y Panamá".

Pero aclaró que "esto no quiere decir que nosotros siempre vamos a ser los proveedores de esa energía, pues el pueblo hondureño debe saber que estas líneas de conducción que hoy van a tener flujo de Honduras hacia otros países en momentos de necesidades se revertirá ese flujo y vendrá energía de otros países hacia Honduras".

Recordó que Honduras terminó un gigantesco proyecto como es "El Cajón", el cual genera un "excedente enorme" de energía que actualmente el pico no llega ni siquiera al 55 por ciento de su capacidad.

Sin embargo, indicó que en tres o cuatro años este excedente será aprovechado al máximo con el impulso que se le está dando a la electrificación rural.

"Se está criticando por algunos hondureños los enormes esfuerzos que estamos haciendo para hacer la electrificación rural, yo creo que la ENEE tiene que llevar una función social importante en este país", dijo.

Destacó el impacto económico del proyecto hidroeléctrico "El Cajón", cuyo costo asciende a mil 600 millones de lempiras, empero ahora "nos encontramos con que no solamente bastaba el centro generador de energía, puesto que hay que conducirla, transformarla y distribuirla para llevarla a los centros de consumo".

"A pesar que la ENEE este año está contribuyendo al déficit fiscal porque su flujo de caja es totalmente deficitario no vamos a parar por ello los proyectos que tenemos de electrificación rural ni tampoco este proyecto hasta concluirlo de la interconexión con los demás países del área" afirmó.

El gerente de la ENEE, Jack Arévalo en su intervención informó que esta semana se negociará con El Salvador los convenios comerciales referente a este servicio, al mismo tiempo opinó que la empresa que él presida ha dejado de ser una institución comercial para convertirse en una de desarrollo.

Luego de concluir sus discursos las personas involucradas en la obra, Azcona Hoyo procedió a cortar la cinta y operar el manejo de mando, con lo que dio como inaugurado la sub-estación de interconexión de pavana Choluteca.

También en el acto varios patronatos de la región Sur agradecieron al gobierno central por la construcción de esta obra.

Al preguntarle sobre la inauguración de este proyecto al viceministro del Instituto Nicaragüense de Energía, Carlos Molina, contestó que esta es obra de integración muy importante en el suministro de energía eléctrica a Nicaragua porque "nosotros somos deficitarios actualmente en capacidad de generar energía, y esto nos permite tener mucha más seguridad en el sentido de poder disponer de una fuente segura de abastecimiento eléctrico".

Por su parte el director de la junta directiva de la Comisión Ejecutiva Hidroeléctrica del Río Lempa de El Salvador, Francisco Gonzales dijo que la sub-estación de Pavana además de ser el último eslabón de interconexión centroamericana "nos permitirá compartir las inversiones en materia de centrales hidroeléctricas que son tan caras para nuestros países". (FG).

Mesa principal en los actos de inauguración de la ampliación de la sub-estación de interconexión de Pavana. Al fondo las banderas de los países centroamericanos y Panamá.

El director de la junta directiva de la Comisión Ejecutiva Hidroeléctrica del Río Lempa de El Salvador, Francisco González.

Carlos Molina, vice-ministro del Instituto Nicaragüense de Energía

*Tiempo/*21 de septiembre de 1987

(En Pavana, Choluteca):

AZCONA INAUGURA AMPLIACIÓN DE SUB-ESTACIÓN ELÉCTRICA

El presidente de la República, José Azcona Hoyo, inauguró las ampliaciones hechas a la subestación eléctrica de la Empresa Nacional de Energía Eléctrica (ENEE), ubicada en la aldea Pavana, Choluteca.

La misma fue ampliada a 230 mil vatios de potencia y servirá de interconexión entre Honduras y Nicaragua, El Salvador y Panamá, ya que tiene capacidad para manejar grandes bloques de energía y canalizarlos hacia esos países.

El costo total del proyecto es de 5.7 millones de lempiras, financiados con fondos de la ENEE, de la empresa italiana Astaldi y de una donación de la Agencia para el Desarrollo Internacional (AID).

Azcona Hoyo manifestó que los trabajos realizados son un paso importante en la integración centroamericana, porque nuestra energía excedente podrá ser trasladada a los países vecinos.

Indicó que la venta de esa energía no disminuye en manera alguna la que pueda proporcionarse a los hondureños, pues El Cajón genera un enorme exceso, que no puede canalizarse al país por falta de redes de transmisión.

"Es por esta razón que mi gobierno le está dando un gran impulso a la electrificación rural y creemos que, en tres o cuatro años, esa energía que generamos en el más grande proyecto hidroeléctrico del país, será positivamente utilizada".

El gerente de la ENEE, Jack Arévalo Fuentes, expresó que la interconexión demuestra que los centroamericanos estamos haciendo uso racional de nuestros recursos naturales.

Señaló que "al finalizar el período de gobierno del presidente Azcona Hoyo, más del 80% de la población encontrará la luz, después de haber permanecido en la mayor parte de su vida institucional a oscuras".

A la ceremonia se hicieron presentes los directores de los organismos de energía de Centroamérica y Panamá, destacados miembros del Cuerpo Diplomático, organismos internacionales y una gran cantidad de invitados especiales.

Momentos en que el presidente de la República, José Azcona, hace el simbólico corte de la cinta.

El mandatario es visto cuando manipulaba los controles de la sub-estación de Pavana, Choluteca.

*La Tribuna/*21 de septiembre de 1987

AZCONA ENTREGARÁ LOS ACUERDOS DE MUNICIPIO A LAS TROJES Y LAS VEGAS

Las Vegas, en Santa Bárbara, y Las Trojes, en El Paraíso, son los dos nuevos municipios creados por el gobierno mediante acuerdo del Poder Ejecutivo.

El ministro de Gobernación y Justicia, Romualdo Bueso Peñalba, informó que los documentos de creación serán entregados por el presidente José Azcona en ceremonias especiales cuyas fechas todavía no se han fijado.

Agregó que se declaró sin valor la oposición para crear el municipio Las Vegas, debido a que no fueron presentados los documentos adecuados.

Al referirnos a Las Trojes expresó que no existió oposición por parte de ninguna comunidad, por lo que se efectuaron las delimitaciones territoriales sin contratiempos.

Actualmente el territorio hondureño está conformado por 288 municipios y durante la administración del presidente Azcona se han creado cinco municipios: Bonito Central, Las Lajas, Vallecillos, Las Vegas y Las Trojes.

Estos municipios han gestionado por varios años su separación, debido a que eran afectados por otras municipalidades en el aspecto económico, concluyó Bueso Peñalba.

La Tribuna/21 de septiembre de 1987

URGENTE... URGENTE... URGENTE...
A OIDOS DEL SEÑOR PRESIDENTE CONSTITUCIONAL ING. JOSE SIMON AZCONA
PRONUNCIAMIENTO

La Comisión Permanente Pro-Defensa de Transportes de Taxis, Litoral Atlántico y Zona Noroccidental apéndice de "Untrao Gremial" conformada por "Fenacotral", Feltth y Asomoproh; muy respetuosamente comparecemos ante su distinguida persona en forma pública con el propósito de expresarle lo siguiente:

1.- Rechazamos la autorización de más Unidades tipo Taxi en la Ciudad de San Pedro Sula y otras regiones del Litoral Atlántico y Zona Nor-Occidental del país.

2.- Con seudo Organizaciones diz que llamarse "CRISTIANA", en donde existe Transportistas que en otra oportunidad negociaron con rutas y Permisos de operación.

Queriendo ahora sorprenderlo nuevamente con la solicitud de nuevas rutas de taxi para continuar ejerciendo su negocio ilícito en provecho de sus ambiciones personales. De esto último tenemos nombres y pruebas fehacientes de lo aquí expresado, mismas estas que haremos llegar cuando Ud. lo solicite.

3.- Exigimos Garantía en nuestra inversión de conformidad con lo que reza en la Constitución de la República.

SEÑOR PRESIDENTE:

Para ampliarle más el panorama del Gremio de Taxis Organizados e Individuales le manifestamos lo siguiente:

SOBRE EL SERVICIO QUE BRINDAMOS:

Las Ciudades del Litoral Atlántico y Zona Nor-occidental del País no requieren de más Unidades de Tipo Taxi, las actuales atienden las demandas de servicios y mantienen una tarifa estable al alcance de los bolsillos de los usuarios, principalmente la Ciudad de San Pedro Sula que cuenta con 850 Unidades de Tipo Taxi que satisfacen la demanda poblacional existente.

SOBRE EL MONOPOLIO:

Se nos ha querido identificar ante la opinión pública como monopolista de éste servicio caso éste que lo desmentimos categóricamente ya que este rubro se encuentra distribuido en diferentes Empresas, Cooperativas y en una cantidad considerable de comerciantes individuales. EJEMPLOS:

A.-LA COOPERATIVA DE TRANSPORTES TAXISTAS HONDUREÑOS, LTDA. "COTAXIHL", que agrupa en su seno a 450 Unidades con 370 Asociados.

B.-LA EMPRESA DE TRANSPORTE S.A. (ETASA) que cuenta con 200 Unidades, con igual cantidad de Socios.

C.-ETANSA que cuenta con 30 Unidades con igual cantidad de Socios.

CH.-"Taxis Lempira" e "Intrasa" que cuenta con otra cantidad de taxis ejerciendo su actividad en forma organizada. Y,

D.-Taxistas individuales que son otra mayoría que también ejercen esta labor en la ciudad.

CRITERIOS DE JUSTIFICACIÓN:

A continuación, exponemos algunos criterios de justificación que son coherentes a lo anteriormente expresado:

1.-Que en la Ciudad de San Pedro Sula la oferta es mayor que la demanda.

2.-Que el incremento de Vehículos en el servicio de Transporte de Taxis tal como se nos ha impuesto es lesivo a nuestros intereses particulares y por ende negativo a nuestra rentabilidad.

3.-Prometieron antes de cualquier incremento, realizar un estudio Socio-Económico para conocer la real demanda del servicio; sobre éste particular, la Dirección General de Transportes envió dos personeros a realizar dicho estudio y sí, es lo que realizaron! no hemos tenido ninguna información y no respetando estudio alguno, nos hemos visto sorprendido que de la noche a la mañana aparecieron circulando en la ciudad de San Pedro Sula 20 Unidades simple y sencillamente portando un logotipo de "TAXIS CRISTIANOS" y aún más con PLACA PARTICULAR ¡Lo que es ilegal y tentatorio a la seguridad del usuario y por ende a la seguridad Nacional; ya que cualquier irregularidad de éstos llamados Taxis Cristianos! recaería la responsabilidad ante nosotros como Organizaciones plenamente identificadas con el pueblo.

4.-El incremento de éstas Nuevas Unidades Tipo Taxi, que se encuentran ya circulando son parte de una futura quiebra a la inversión nuestra como Empresarios que nos dedicamos con derechos de antigüedad a este rubro; pues nadie ignora que el servicio de Taxi ya establecido en el Litoral Atlántico y Zona Noroccidental es mayor la oferta que la demanda por las características peculiares de cada región.

5.-Repudiamos el no cumplimiento de las disposiciones dictadas por la Dirección General de Transporte al exigirles a las Organizaciones plenamente Constituidas: Unidades con todos los requerimientos de higiene y seguridad y aún más, que sean Unidades modelo o año 1978-1987. Condiciones éstas, que no han sido exigidas a los llamados Taxistas Cristianos, pues sus Unidades son del año 1970-1977 y la mayoría de ellas en muy malas condiciones de Servicio.

SEÑOR PRESIDENTE:

Nosotros los Transportistas del Servicio de Taxis queremos enfatizarle a Usted con todo respeto lo siguiente:

A.-No somos monopolistas sino inversionistas que contribuimos a fomentar el empleo y a erradicar la desocupación pues con nuestra actividad beneficiamos a un sin número de familias hondureñas en sus necesidades perentorias.

B.-Nuestra inversión no tiene ninguna garantía ante Instituciones Bancarias, ni Compañía de Seguros por lo complejo y alto riesgo de nuestro rubro y sin el amparo de una Ley de Transporte que nos ofrezca protección del Estado.

C.-Nuestras Organizaciones Legalmente Constituidas siempre hemos estado presentes en la contribución de la Democracia y la Paz Social del país, que su Gobierno ha tomado como bandera de lucha, dentro del contexto de las Naciones Civilizadas.

Todo este ambiente a que hacemos referencia no lo queremos quebrantar, pero existen ya brotes dentro de nuestros motoristas y propietarios de intranquilidad y desesperación por la competencia desleal e ilegal. Ahora bien, la dirigencia hasta este momento ha sabido mantener la cordura necesaria, abrigando esperanza de solución al problema en referencia.

SEÑOR PRESIDENTE:

Somos amantes del Diálogo Franco y Sincero como herramientas eficaces del entendimiento humano, para limar asperezas y buscarles solución a los problemas. Ejemplo imitativo del que últimamente Ud. nos ha dado en la Reunión Cumbre de Presidentes Centroamericanos, buscando soluciones al problema del Área llevada a cabo en Esquipulas II República de Guatemala.

Esperamos su generosa reflexión sobre lo aquí expresado la que deseamos sea positiva y ordene a las Autoridades que corresponda el Paro inmediato a estas Arbitrariedades que tanto daño nos causa a los suscritos y por ende a su Gobierno.

**COMISION PERMANENTE
PRODEFENSA DEL TRANSPORTE DE TAXIS**

*Tiempo/*21 de septiembre de 1987

"AZCONISMO"

La derrota que sufrieron las corrientes de gobierno en las últimas elecciones internas del Partido Liberal ha hecho resurgir un término ya días no escuchado en el léxico cotidiano: "El Azconismo".

Si le preguntan al presidente del Congreso Nacional por qué perdió en las elecciones, éste no contesta que el montoyismo no dio pie con bola, asegurando, por el contrario, que fue el azconismo el derrotado porque éste se presentó a las urnas dividido.

Ni aun los mismos candidatos de otras corrientes que obtuvieron triunfos "relativos" –para utilizar el término que le encanta al presidente Azcona- expresan que derrotaron al "azconismo". No dicen nada de eso. Una derrota al azconismo sería como decir que el liberalismo votó en repudio de la gestión del ciudadano presidente, apenas a la mitad de su mandato. Ha sido más bien el líder del montoyismo quien cómodamente le atribuye la derrota a su amigo el Presidente de la República y sacude tranquilamente a su movimiento de cualquier responsabilidad.

Si el presidente Azcona se hubiera percatado temprano que le quieren endosar la pérdida, quizá no habría permitido que le utilicen así su nombre con tanta liberalidad. Azcona no participó en esta última contienda liberal así que no pudo haber perdido, a menos que ellos indirectamente estén admitiendo que la pérdida del uno también significa la desgracia para el otro.

Se ha venido insistiendo entonces que la forma de evitar un futuro cataclismo, es reagrupando el "azconismo" y decir que eso es lo mismo que el montoyismo. A nadie escapa la intención de querer unificar las fuerzas del oficialismo bajo una candidatura única, y las gestiones que ya son evidentes para transferirle adeptos al presidente del Congreso Nacional.

La vaina de esa estrategia con la que piensan inyectar esperanza a la corriente oficial, es que no es cierto que quienes, en el proceso anterior, votaron por la candidatura de Azcona, quieran hoy así no más matricularse de buena gana con la candidatura del licenciado Montoya.

La tesis está equivocada. Es una que asume que la gente tiene fierro y que quienes votaron en el pasado por Azcona van a correr desesperados a apoyar el candidato que éste apadrine.

Lo cierto es que mucha gente, entre ésta, dirigentes y activistas del partido en distintos niveles, que trabajaron por la candidatura de Azcona, ya no son azconistas, y si lo son todavía porque les cae bien el mandatario, no están muy de acuerdo con la candidatura de su delfín. Mucha de esa gente –y que lo dicho no produzca molote- está un poco decepcionada con todo lo que ha pasado y hasta se han identificado con otros candidatos, con otras opciones, con otros movimientos políticos.

Lo otro también ha sucedido. Gente que en el pasado participó al amparo de movimientos que no apoyaron a Azcona ahora son furibundos montoyistas y hasta se atragantan defendiéndolo. Uno que otro hasta le coordinó –y en qué forma- su campaña.

Así que eso de resucitar el azconismo como una corriente bajo la cual pretenden cobijar una candidatura oficialista para después venir con la cancioncita aquella que "montoyismo y azconismo es lo mismo" lo único que va a lograr es meter al presidente Azcona en camisa de once varas.

En la medida en que se le involucre al presidente en el conflicto interno del partido lo colocan como tiro al blanco del enfrentamiento. Le quitan la aureola que ha mantenido de ser un dirigente liberal respetado por su imparcialidad. Lo meten al torbellino del conflicto del cual difícilmente podrá salir ileso.

Quienes no tienen nada que perder con el desprestigio que pueda sufrir el presidente por andar metiendo la cuchara donde no debe, van a hacer hasta lo imposible por arrastrarlo al precipicio.

Ahora, lo que está todavía por verse es si Azcona se deja arrastrar y si quiere apostar su destino con rumbo a aquellos caminos que como decía Rodas Alvarado en sus momentos de poética inspiración- "se pierden y se suicidan en los abismos".

*La Tribuna/*22 de septiembre de 1987

Para luego enviarlo al Congreso

PRESIDENTE AZCONA DISCUTIRÁ HOY CON MINISTROS EL PRESUPUESTO 1988

El presidente José Azcona Hoyo se reunirá hoy con su Consejo de Ministros para discutir por última vez el proyecto de Presupuesto General de Ingresos y Egresos de la República para 1988.

El documento será enviado posteriormente al Congreso Nacional para su aprobación definitiva, según informó ayer la Secretaría de Planeación, Coordinación y Presupuesto (SECPLAN).

De acuerdo a la Constitución de la República, el proyecto de presupuesto debe ser enviado al Congreso Nacional a más tardar el 15 de septiembre de cada año, pero, en esta oportunidad, no se ha cumplido con ese precepto.

El vocero presidencial, Marco Tulio Romero, sostuvo al respecto que las Secretarías de Recursos Naturales y Salud Pública solicitaron una nueva revisión del presupuesto, y por ello se produjo el retraso en su envío al Poder Legislativo.

"Es preferible mandar un proyecto debidamente estudiado y de conformidad a las posibilidades económicas, a enviar algo mal hecho por la premura del tiempo", según Romero.

Un comunicado de prensa emitido por SECPLAN asegura que las políticas básicas del presupuesto se orientan al logro de los grandes objetivos del Plan Nacional de Desarrollo 1987-1990.

AZCONA HOYO

"Ese marco permitirá establecer los fundamentos para un ordenamiento de las finanzas públicas que permita un decrecimiento de -1.0 por ciento en el gasto corriente, un nivel inflacionario aproximado de 3.5 por ciento y un crecimiento de cuatro por ciento en el Producto Interno Bruto", añade el comunicado.

Según la información, los principales indicadores obtenidos en base al presupuesto evidencian una línea de racionalidad y contención del gasto y establecen que el déficit global pasará de 7.2 por ciento en 1987 a 5.1 por ciento en 1988.

"El presupuesto ha sido formulado bajo los conceptos de pragmatismo, creatividad y eficiencia, tal como lo demanda la situación actual, como única fórmula viable para lograr la superación integral de nuestro país", afirma SECPLAN.

Finalmente señala que la aprobación del presupuesto constituye "un paso decisivo para continuar con mayor efectividad el proceso de desarrollo económico y social de la nación".

El Heraldo/22 de septiembre de 1987

Dirigente cooperativista:

AZCONA DEBE CONVOCAR A SECTORES REPRESENTATIVOS A TRATAR "MEDIDAS HEROICAS"

El gobierno de José Azcona Hoyo debe convocar a todos los sectores nacionales para discutir los problemas referentes a la reducción de la brecha fiscal, sostuvo ayer el presidente de la Federación de Cooperativas para la Reforma Agraria (FECORAH), Nelly Ramírez.

El dirigente campesino opinó que la toma de "medidas heroicas" para contrarrestar el déficit fiscal, no necesariamente debe significar la imposición de nuevas cargas tributarias en perjuicio de los intereses del pueblo.

Con respecto a la readecuación de la deuda que pretende lograr la organización que dirige, Ramírez dijo que los 16 millones de lempiras que le adeudan al gobierno deben ser renegociados a un plazo de 20 ó 25 años.

Explicó que el total de la deuda de FECORAH está distribuido entre 469 cooperativas, por lo que se estima que cumplirían con sus compromisos financieros antes del plazo solicitado, siempre y cuando el gobierno acceda a renegociar la deuda.

El Banco Nacional de Desarrollo Agrícola (BANADESA) constituye la principal fuente de financiamiento, y por ende es el mayor acreedor de esa organización cooperativista, al igual que otras asociaciones del sector reformado.

Ramírez aclaró que FECORAH en ningún momento ha demandado una condonación de su deuda, dado que están conscientes de los problemas fiscales que sufre el país, por lo que se pronunció a favor de la discusión de un plan orientado a tomar "medidas heroicas", siempre que éstas no afecten al presupuesto familiar.

El Heraldo/22 de septiembre de 1987

AZCOHÓNICOS ANONIMOS

Imitando a esa agrupación internacional (la desgracia no tiene fronteras) que ha rescatado y sigue recatando tanta gente del vicio, vamos a formar una "institución" ficticia. Azcohónicos Anónimos, para pedirle al presidente de Honduras, cosas que pueden arreglarse de un solo plumazo.

Ya Víctor N se quemó de tanto pedirle por San Antonio de oriente y la aldea de El Jicarito, en relación a unos 6 Kms de camino de tierra.

En Tribuna del pueblo el compañero Miguel V. le ha echado una manita a Víctor N y al mismo tiempo aboga por el mismo trabajo de reparación de carretera, del nuevo municipio de Vallecillo y de "chemis" pide un puente sobre el río Agalteca, bueno, puentes se ven a cada rato, como el feriado del lunes 14 de septiembre.

Fernando G. uno de los primeros ceibeños en propulsar la candidatura de Azcona- Presidente, indica lo siguiente:

Se está perdiendo un pavimento entre el sector 6 de la colonia 21 de octubre y el empalme de colonia Reforma, los tragantes de agua están mal hechos, se hacen necesarios por lo menos tres tragantes, para que no se forme lodo en esa calle cuando llueve, así bajada de agua del asentamiento Suazo Córdova, costado oeste de enlatadora de carnes y bajada del barrio El Rincón.

No se ha entregado la obra y se está deteriorando. Este pavimento lo pagan hasta vecinos que viven a 100 metros de la vía, por cuyas casas todavía pasa el camino de tierra.

Mientras tanto, pasaremos otras 24 horas de resignación.

Víctor Narváez Bonilla
San Antonio
de Oriente, FM.

La Tribuna/21 de septiembre de 1987

Huelga a la vista…

SINDICATO DE LA PORTUARIA RECHAZA DECISIÓN DE AZCONA

La Junta Directiva de la Empresa Nacional Portuaria (ENP) se reunió ayer con el propósito de encontrar soluciones para impedir una suspensión de labores.

Los sindicalistas rechazan la decisión del presidente José Azcona de restituir a los empleados despedidos recientemente, por considerarlos negativos para el buen funcionamiento de la institución.

El sindicato demandó el despido de algunos empleados por considerarlos "paracaidistas" y la comisión investigadora determinó que esa organización tenía la razón y la destitución de esos trabajadores era necesaria.

De ser negativa la determinación tomada por la directiva de la ENP, los empleados iniciarán un paro de labores con el fin de impedir el regreso de dichos empleados, que a juicio de los sindicalistas entorpecen la labor de la institución.

La Tribuna/22 de septiembre de 1987

HASTA HOY EJECUTIVO ENVIARÁ AL CONGRESO PROYECTO DE PRESUPUESTO

TEGUCIGALPA. El presidente José Azcona Hoyo se reunirá hoy, a las 10 de la mañana, con el Consejo de Ministros para darle la última revisión al proyecto del presupuesto general de la República para el año próximo, a fin de enviarlo hoy mismo al Congreso Nacional para su aprobación.

Según se ha informado, el Poder Ejecutivo ha violado la Constitución de la República al no mandar el Presupuesto General de la República al Congreso Nacional en la primera quincena de septiembre, como lo establece el artículo 267.

Los voceros de la Casa Presidencial señalaron que el retraso se ha debido al "profundo análisis" de que ha sido objeto el proyecto de presupuesto por parte del Poder Ejecutivo, para ajustarlo a las necesidades del país, dándole prioridad a los sectores más necesitados.

Sin embargo, un comunicado de la Secretaría de Planificación, Coordinación y Presupuesto (SECPLAN), señala que el Poder Ejecutivo ya aprobó el anteproyecto de presupuesto general.

El comunicado de prensa es el siguiente:

COMUNICADO DE PRENSA

El Poder Ejecutivo cumpliendo con lo establecido en el Artículo 367 de la Constitución de la República y el Artículo 25, inciso 9 de la Ley de Planificación, ha aprobado el Anteproyecto de Presupuesto General de Ingresos y Egresos de la República para el período fiscal para 1988.

La conformación de dicho documento es el producto final que se logró con la participación activa de todas las Secretarías de Estado, en un proceso coherente y ordenado en la asignación de recursos.

Este esfuerzo lleva implícito una Política de Racionalización y eficiencia en función de las urgentes necesidades del país, las posibilidades financieras y la capacidad real de ejecución.

Las políticas básicas del Presupuesto para 1988, se orientan al logro de los grandes objetivos del PND 1987-1990, bajo un marco que permitirá establecer los fundamentos para una mejora y ordenamiento de las Finanzas públicas, logrando un decrecimiento del Gasto Corriente de -1.0, un nivel inflacionario aproximado de 3.5% y un crecimiento del producto alrededor de 4%.

Al respecto los principales indicadores macroeconómicos obtenidos en base al Presupuesto, evidencian el Lineamiento de Racionalidad y Contención del Gasto, destaca especialmente el Déficit Global Neto/PIB que pasa de 7.2% en 1987 a 5.1% en 1988.

En ese contexto nos situamos al formular el Presupuesto de 1988 bajo los conceptos de pragmatismo, creatividad y eficiencias que demanda la situación actual como única fórmula viable de lograr la superación integral de nuestro país.

Con la aprobación de este instrumento de política económica se está dando un paso decisivo para continuar con mayor efectividad el proceso de desarrollo económico y social de la Nación.

Tiempo/ 22 de septiembre de 1987

ALEMANIA OCCIDENTAL REITERA APOYO AL PLAN DE PAZ

NACIONES UNIDAS, septiembre 21/UPI.- El ministro de Relaciones Exteriores de Alemania Occidental, Hans Dietrich Genscher, reiteró hoy a los representantes de Contadora el apoyo de su país a los esfuerzos de paz para América Central y a los planes de asistencia económica a la región, dijo el canciller mexicano Bernardo Sepúlveda.

Durante un desayuno al cual asistieron también el canciller de Venezuela, Simón Alberto Consalvi y los embajadores de Colombia, Enrique Penaloza, y de Panamá, Jorge Ritter, se pasó revista a los esfuerzos de paz y a los planes para el desarrollo económico.

Sepúlveda fue el vocero que dijo a United Press International, "se informó al señor Genscher sobre la reciente reunión de la Comisión Internacional de Verificación y Control" y el reciente encuentro en Managua, además de las gestiones previstas para los próximos días.

Además, dijo Sepúlveda, se habló de los planes para reconstrucción económica de América Central y "obtuve la impresión de que el señor Genscher expresó una posición muy positiva hacia los esfuerzos de paz y a los planes de construcción".

Sepúlveda comentó que Genscher hizo saber que dará los detalles del apoyo de su país cuando hable el jueves ante la asamblea general de las Naciones Unidas.

Los representantes de Contadora, el Grupo de Apoyo y los de Centroamérica tienen prevista una reunión el miércoles con el ministro de Asuntos Exteriores de España, Francisco Fernández Ordóñez, para discutir esos mismos temas y ver el papel que Madrid puede jugar en canalizar un mayor interés europeo en América Central.

El mismo grupo se reunirá el miércoles por la tarde con los representantes de la Comunidad Económica Europea, para gestionar apoyo político y económico.

Tiempo/22 de septiembre de 1987

LA CANDIDATURA ÚNICA

El designado presidencial acaba de exponer en un largo artículo publicado en un periódico de loa Costa Norte, sus ideas sobre varios aspectos que tienen que ver con la economía del país. El designado es hombre informado que entiende de estas cosas.

El presidente del Banco Central acaba de anunciar la adopción de medidas heroicas para medio mantener respirando la economía del país atacada de asma y de tuberculosis y agravada en los últimos días por una infección bronco-pulmonar que la mantiene boqueando y con elevadas temperaturas.

El ministro de Economía también cree que hay que tomar medidas "heroicas", pero de otra naturaleza a las expuestas por el presidente del Banco Central. Chalito, dicho sea de paso, conoce. Chalito es hombre que sabe y entiende. No sabemos si a estas alturas el nuevo ministerio ese de Planificación, Coordinación, Presupuesto y actividades conexas terminó al fin el tal plan de desarrollo. Ya vamos a media administración y el Congreso ni siquiera discute el plan. Quién sabe si lo que dirá en esa recopilación de papeles, en esa maleta de documentos económicos, sea congruente con lo que piensa el designado, el presidente del Banco Central o el ministro de Economía.

Al ministro de Hacienda lo escuchamos el otro día. Le preguntaron sobre unos proyectos de ley que tienen que ver con las finanzas del país y que próximamente habrá de discutirse en el Congreso Nacional. Dijo el ministro que él no sabía nada de eso. Que ni cuenta se daba que allá los diputados estuvieron queriendo discutir esas cosas sobre las que lo estaban interrogando.

¿Nos permiten una inocente pregunta los señores que nos gobiernan? Pero no se vayan a enojar con nosotros ni que les vaya a ocasionar molote esto que les queremos preguntar:

¿Cuándo fue la última vez que se reunió el Gabinete Económico? ¿Hace cuánto no convocan un Consejo de Ministros? ¿Cuántos consejos de ministros han convocado en lo que va de este año?

Escuchamos, a las mentes más claras de esta administración exponer ideas muy lindas de todo lo que hay que hacer en Honduras para de pobre convertirla en rica, de atrasada en desarrollada, de dependiente en independiente, etc.,etc.,etc.

Pero la pregunta es esta: ¿Cuándo van a comenzar y poner en marcha todo eso que dicen que quieren, que desean, y que esperan para nuestro país?

¿Cuándo? Nos cuesta saber incluso qué es lo que en realidad quieren. Porque si uno oye al ministro tal, ese dice una cosa, mientras el otro expresa lo contrario.

Escuchamos lo que dice su excelencia el ministro de Economía y quedamos convencidos. Eso, lo que dijo el ministro es lo que necesita el país. Pero al rato escuchamos lo que dijo el otro ministro. Y como lo que dice también suena bonito, pues eso ha de ser lo bueno para el país, aunque sea todo lo opuesto a lo que dijo el anterior. Pero al ratito sale el designado. Ese, que es más elocuente, también dice cosas bonitas, que lo dejan a uno convencido que lo plantea es lo bueno para el país. Y si no coincide con nada de lo que dijeron los que hablaron antes que él, ¿qué importa?

Volvemos a preguntar: ¿Quién coordina a toda esa gente? ¿Cuándo fue la última vez que hubo Consejo de Ministros? ¿Cómo se hace para que todos se enchufen en la misma onda y siquiera deletreen algo en lo que se hayan puesto de acuerdo?

¿Por qué mejor no se rifan quién tiene la razón? Y hagan lo que sea - - lo que diga el que ganó la rifa - - pero que se vea que están haciendo algo. Cualquier cosa, pero que la hagan. La vaina es que a saber quién podrá coordinarlos. Nada de eso les interesa en la Casa de Gobierno. Ahí en lo que andan es viendo cómo sacan una candidatura única por el oficialismo. ¡Ve, quienes, van a querer asumir el papel y la responsabilidad que les corresponde de administrar, de dirigir y orientar el país como Dios manda!

Si hoy más que nunca, andan topados, apasionados, desesperados, metidos hasta las orejas en la política sectaria. Lo que les interesa es la candidatura única del oficialismo. Como eso es lo que va a resolver los problemas nacionales.

La Tribuna/23 de septiembre de 1987

A MÁS DE DOS MIL 164 MILLONES ASCIENDE EL NUEVO PRESUPUESTO

TEGUCIGALPA (Por Faustino Ordóñez Baca). – El nuevo Presupuesto General de Ingresos y Egresos de la República para 1988, que será sometido hoy a consideración del Congreso Nacional, asciende a 2 mil 164 millones, 505 mil 800 lempiras, representando un incremento del 8 por ciento en relación al vigente, reveló ayer el designado a la presidencia, Jaime Rosenthal Oliva.

El presidente Azcona, en reunión con su Gabinete en la casa del gobierno, ultimó los detalles del presupuesto y recomendó a los encargados remitirlo al poder legislativo hoy miércoles.

El proyecto aprobado por el ejecutivo contempla un aumento de 132 millones 605 mil 800 lempiras, dijo el designado presidencial.

El funcionario dio a conocer los datos basándose en los cuadros elaborados debido a las contradicciones entre los diferentes ministros, entre ellos el titular de SECPLAN (Secretaría de Planificación, Coordinación y Presupuesto), Francisco Figueroa, que manifestó en horas de la mañana que el presupuesto para el próximo año, "es un tanto menor del que fue aprobado para 1987".

El nuevo presupuesto representa un incremento en los Ministerios de Educación Pública, Salud y Asistencia Social, SECPLAN y Cultura y Turismo, informó Rosenthal Oliva.

Agregó que sufrirán un recorte las secretarías de Economía, Presidencia de la República y Recursos Naturales y el de las Fuerzas Armadas se mantendrá en las mismas cifras del aprobado el año anterior, o sea de 135 millones de lempiras que son asignados al Ministerio de Defensa.

El presupuesto con el cual trabaja el gobierno de la república asciende a mil 932 millones de lempiras.

Rosenthal Oliva explicó que al Ministerio de Economía se le recortará los 600 mil lempiras que anteriormente se le asignaban para mantener el funcionamiento de la Dirección General de Estadísticas y Censos, que pasó este año a la jurisdicción del Ministerio de Planificación.

Por su lado, a esta recién creada secretaría de estado se le traspasa el valor que le corresponde a Estadísticas y Censos para su funcionamiento.

El Ministerio de la Presidencia se le redujo su presupuesto en virtud de que anteriormente le pertenecía el Consejo Superior de Planificación Económica (CONSUPLANE), ahora conocido como SECPLAN con categoría de ministerio.

El alto funcionario no puntualizó cifras, porque primero tienen que ser conocidas por los parlamentarios.

"Se tiene la esperanza de que en el Congreso Nacional no se va a distorsionar mucho el presupuesto, especialmente en el ramo de los gastos", estimó.

El proyecto de presupuesto también incluye una disminución del déficit fiscal de un 7.2 por cierto en 1988.

Esto se logrará eliminando algunos gastos, especialmente en aquellas instituciones cuyas erogaciones son mayores y que muchas de ellas no son rentables para el Estado.

"Realmente no hay reducciones en el presupuesto, lo que se ha tratado es de mantener un control lo más estricto posible en el gasto corriente, porque es muy difícil despedir a la gente", dijo el funcionario.

El designado se pronunció a favor de que haya "una reducción del gobierno", cerrando algunos ministros que provocan un incremento en los gastos, lo que significa un deterioro de la economía.

Otras de las medidas que se deberían adoptar para reducir el alto costo del gobierno es que ciertos ministerios pasen a jurisdicción de otros convirtiéndose en direcciones generales, afirmó Rosenthal Oliva.

ESTUDIAN CIERRE DE DOS ENTES

Por otra parte, informó que el gobierno de la república estudia "el cierre de dos instituciones descentralizadas" como parte de las medidas "heroicas" que se piensa ejecutar para disminuir déficit fiscal.

También se pretende presionar para evitar las fugas respecto al pago de impuesto, sobre todo en lo que se refiere a los impuestos sobre venta y la renta y los tributos que se cobran por la introducción de artículos al país.

La información fue proporcionada por el designado presidencial Jaime Rosenthal Oliva, quien no quiso revelar cuáles son las instituciones que podrían ser clausuradas.

"El cierre de estas instituciones no está contemplado en el nuevo presupuesto, pero sí se analiza para tratar de reducir el déficit presupuestario", declaró.

"Es posible, agregó, que otras empresas sean trasladadas fuera del área de Tegucigalpa para reducir los costos de operación".

"Si el gobierno reduce su déficit fiscal habrá más dinero disponible en el sector privado para la inversión, y cualquier cantidad de gente que no se logre emplear en el gobierno se compensa ampliamente con márgenes en el sector privado", según Rosenthal Oliva.

"No se puede pretender en ningún momento que el gobierno solucione el problema del empleo dando trabajo en la administración pública, pues el gobierno tiene que solucionar el problema del empleo creando las condiciones para que la gente ahorre e invierta y produzca crecimiento económico y genere empleo en general", concluyó.

El presidente Azcona y sus ministros mientras conocían aspectos del Presupuesto. (Foto Salinas).

La Prensa/23 de septiembre de 1987

73

CENTRO PARA CIEGOS RECIBIRÁ L. 100 MIL

TEGUCIGALPA. – El pleno del Congreso Nacional aprobó una moción tendiente a fijar en el Presupuesto General de la República del año fiscal 1988, una partida de 100 mil lempiras para el Centro Artesanal e Industrial para Ciegos.

Además, se consignó en el documento presentado por el diputado Rafael Pineda Ponce, la asignación de 10 mil lempiras mensuales para el mencionado centro que funciona en Santa Lucía, Francisco Morazán.

El mocionante expuso que el Patronato para la Rehabilitación del Ciego, a cargo de Pilar Salinas ya construyó el local en la mencionada comunidad, pero falta dotarlo del equipo necesario.

Pineda Ponce agregó que, para no retrasar el proceso de desarrollo de este valioso proyecto, se requiere la ayuda del Estado en cumplimiento de una obligación constitucional.

El diputado apeló al artículo 169 de la Constitución de la República que literalmente dice: "el Estado sostendrá y fomentará la educación de los minusválidos".

Arguyó que el Centro Artesanal e Industrial para Ciegos cuenta con un edificio y el personal capacitado, pero faltan recursos para el equipamiento y compra de materiales para iniciar la producción.

Finalmente, Pineda Ponce expresó que este valioso esfuerzo, realizado por un grupo reducido de ciudadanos, se propone continuar la singular obra que realiza la Escuela para Ciegos, proporcionando ayuda a los no videntes adultos a través de su rehabilitación por medio del trabajo.

La Prensa/23 de septiembre de 1987

Ministro de SECPLAN

"NO HABRÁ NUEVOS IMPUESTOS"

TEGUCIGALPA. – "Así como está planteado el Presupuesto de Ingresos y Egresos de la República significa que no habrá nuevas cargas tributarias", declaró ayer el titular de la Secretaría de Coordinación, Planificación y Presupuesto, Francisco Figueroa.

El ministro Figueroa, pese a que se le insistió sobre el monto del nuevo presupuesto no quiso revelar los detalles y afirmó que es menor respecto al actual que asciende a mil 932 millones de lempiras.

Sin embargo, el funcionario horas más tarde fue prácticamente desmentido por el designado presidencial Jaime Rosenthal, quien mostrando cuadros informó que el nuevo presupuesto para 1988 representa un incremento de más de 132 millones de lempiras, es decir un aumento del 8 por ciento.

"El presupuesto es un tanto menor del que fue aprobado para 1987, esto implica la reducción que existe al contener el gasto corriente y esto no quiere decir que significa una restricción al desarrollo", dijo el ministro de SECPLAN.

"Tenemos indicadores que presentan una situación más favorable de la economía nacional", subrayó Figueroa comentando a la vez que el nuevo presupuesto está diseñado de forma tal que tenemos que comprometernos todos los sectores en llevarlo adelante.

"Se recomendó en esta reunión, reveló el funcionario que los ministerios vinculados al acontecer económico debemos llevar un proceso continuado de evaluación del comportamiento de las entidades en la ejecución de las medidas adoptadas".

*La Prensa/*23 de septiembre de 1987

UN MILLÓN MÁS PARA TURISMO

TEGUCIGALPA. – A más de un millón de lempiras asciende el incremento al presupuesto del Ministerio de Cultura y Turismo para el año 1988, medida que contradice las pretensiones del Consejo Hondureño de la Empresa Privada (COHEP), en el sentido de que esa Secretaría de Estado debería de cerrarse porque sólo aumenta los gastos al gobierno.

El presidente del COHEP, Jorge Gómez Andino, declaró que los ministerios de la Presidencia y Cultura y Turismo deben ser clausurados como parte de "una de las medidas heroicas" del gobierno, pues han sido creados por "conveniencia política" y no han "beneficiado ni al pueblo ni al Estado".

Contrario a la idea de Gómez Andino en el nuevo presupuesto de SECTUR se establece un aumento de más de un millón de lempiras lo que significa que a partir de 1988 se trabajará con alrededor de los siete millones.

El presupuesto actual de SECTUR asciende a 5 millones, 971 mil lempiras.

Consultado el doctor Arturo Rendón Pineda, titular de la referida cartera en relación a las pretensiones del COHEP, dijo que se sentía "sorprendido por esa actitud de la empresa privada.

DECLARACIÓN DESAFORTUNADA

Yo opino que es una declaración desafortunada la del presidente del COHEP y no creo que sea un consenso de la empresa privada, porque particularmente ellos siempre han prestado apoyo a nuestros programas culturales", dijo Rendón Pineda.

"Para mí, negar la importancia de ese ministerio es como negar uno de los renglones más importantes en el aspecto cultural, tan deteriorado en los últimos tiempos", agregó.

Se lamentó el ministro de Cultura que el presidente del COHEP "desconozca" la "enorme" importancia que tiene el turismo en Honduras para la generación de divisas y contribuir al mejoramiento de la economía nacional.

"Es de todos conocido que en el área del Caribe hay una enorme afluencia del turismo particularmente de los Estados Unidos", recordó el funcionario.

Rechazó el hecho de que la cartera ministerial haya sido creada por una "conveniencia política" más bien "creemos que se hizo con una visión futurista", concluyó.

La Prensa/23 de septiembre de 1987

CERRAREMOS BANASUPRO: AZCONA

TEGUCIGALPA. El presidente José Azcona Hoyo anunció ayer el cierre definitivo de la Suplidora Nacional de Productos Básicos (BANASUPRO), como parte de las medidas que el gobierno implementará para reducir el déficit fiscal.

BANASUPRO, según el mandatario, es una de las instituciones descentralizadas del Estado que tiene mayores problemas económicos en este momento, nunca tuvo rentabilidad y es una "carga muy grande para el gobierno" y, por eso, se pedirá su cancelación al Congreso Nacional.

Asimismo, dijo que se está estudiando la posibilidad de reducir o cambiar otras instituciones gubernamentales, y que con el designado presidencial Jaime Rosenthal Oliva estuvo hablando el martes anterior sobre la conveniencia de transformar a la Corporación Nacional de Inversiones (CONADI) en un banco de "segundo piso", que estaría abierto al público y sus accionistas serían los bancos hondureños y el Estado.

"Vamos a ir estudiando otras instituciones, pero, desde luego, el Estado tiene que llenar una función social, no solamente conseguir rentabilidad instituciones como la ENEE, SANAA, INVA y el INA, tienen que llenar funciones sociales, o sea, aunque no observen una rentabilidad como lo puede tener cualquier empresa, no deben ser cerrados" agregó (TDG).

Tiempo/24 de septiembre de 1987

MONTOYISTAS Y M-LÍDER DEPLORAN LANZAMIENTO DE ASESOR DE AZCONA

TEGUCIGALPA. – Dirigentes del montoyismo y el Movimiento Liberal Democrático Revolucionario (M-LIDER) deploraron ayer el lanzamiento desde la casa presidencial de Carlos Falck.

"No es el momento oportuno para que salgan movimientos o candidatos. Es un abuso y falta de respeto que se haya lanzado desde la casa presidencial", dijo Óscar Melara Murillo, alto dirigente de ALCOM.

Melara Murillo dijo que el lanzamiento del asesor del presidente deja la impresión de que "nadie quiera apoyar al gobierno", pues todos los liberales están en la lucha por sus ambiciones personales.

El máximo dirigente del M-LIDER, Jorge Arturo Reina, dijo que las "casas presidenciales son muy pobres para producir presidentes" pero que ahora están saliendo muchos aspirantes.

Dijo que el M-LIDER es partidario de que se respalde al presidente Azcona para que haga un buen gobierno, pues las buenas acciones administrativas producen mayores votos que una intensa campaña política. (GP).

*Tiempo/*24 de septiembre de 1987

PRESIDENTE PIDE AL CONGRESO NO PERDONAR DEUDA TRIBUTARIA

TEGUCIGALPA. -El presidente José Azcona Hoyo pidió ayer públicamente al Congreso Nacional que no tome ninguna medida que contribuya a la reducción del ingreso corriente del gobierno.

Azcona, en declaraciones dadas a la radio HRN, dijo que en el Congreso Nacional se encuentra un proyecto de decreto que pretende condonar las multas y los recargos por intereses a las personas morosas con el impuesto sobre la renta.

Indicó que esa medida es "sumamente peligrosa", porque es un dinero que ya corresponde al gobierno, y sería "premiar a alguien que ha cometido una cosa incorrecta como es no pagar sus impuestos a tiempo".

"Yo pido públicamente al Congreso Nacional, ya que lo he hecho muchas veces en forma privada y parece que no hay ese interés, que no apruebe ese decreto ley condonando intereses o recargos del impuesto sobre la renta, que si a mí me dejan y me permiten trabajar con los impuestos que están ya decretados, no va haber necesidad de nuevos impuestos", agregó.

Asimismo, expresó que hay necesidad de pedirle sacrificios a todos los sectores, a los maestros que acepten los aumentos salariales que el gobierno les está proponiendo y que no puede darles ni un centavo más, y a las organizaciones sindicales que no se vayan a huelgas exigiendo incrementos salariales, porque cuando sean necesarios, justos y posibles, se les dará.

Al referirse al déficit fiscal, el mandatario manifestó que se ha hecho "mucha alarma sin fundamento, incluso hay gente, por ejemplo, que dice que los ingresos del gobierno han bajado; eso es absolutamente falso.

"No ha habido un incremento económico en Honduras como el que vamos a tener este año, que dicho por el Fondo Monetario Internacional (FMI), pasa del cuatro por ciento, o sea, hay que ver las cosas con sentido optimista. Yo no quiero decir que este gobierno sea una gran cosa, que nosotros estemos haciendo cosas extraordinarias, pero si quiero decir que estamos manejando todas las cuestiones con toda seriedad y responsabilidad", apuntó.

Señaló que el presupuesto general de la República para 1988 aprobado por el Poder Ejecutivo y que ayer fue remitido al Congreso Nacional para su aprobación definitiva, se contempla un aumento conservador de 8.3 por ciento en los ingresos, ya que este año se ha tenido un crecimiento en los ingresos fiscales del 13.9 por ciento.

AZCONA

Tiempo/24 de septiembre de 1987

Anuncia Azcona:

GOBIERNO PEDIRÁ AL CONGRESO LA CANCELACIÓN DE BANASUPRO

El poder Ejecutivo solicitará al Congreso de la República la cancelación de la Suministradora Nacional de Productos Básicos (BANASUPRO), reveló ayer el presidente José Azcona Hoyo.

Según el gobernante, BANASUPRO es la empresa descentralizada que tiene mayores problemas, debido a que nunca fue rentable y se ha convertido en una carga para el gobierno.

"Incluso, continuó, se acaban de crear unas cadenas de detallistas que han tenido buen resultado, pero en vez de comprarle a BANASUPRO le compran a otras distribuidoras".

Azcona dijo que la decisión final le corresponde al Congreso, pero reveló que el gobierno central también estudia la posibilidad de reducir o cambiar otras instituciones descentralizadas.

En el caso de la Corporación Nacional de Inversiones (CONADI), señaló que probablemente se convertirá en un banco del cual serían accionistas el propio gobierno y el sistema bancario nacional.

Anunció además que la gerencia de CONADI está agilizando la privatización de sus empresas, pero recordó que no se pueden vender todas porque "el Estado tiene que llenar una función social y no procurar sólo rentabilidad".

"En la empresa privada si un negocio no es rentable se cierra, pero el Estado no puede hacer eso porque sus funciones son diferentes", aseguró.

*El Heraldo/*24 de septiembre de 1987

MINISTRO ASESOR DE AZCONA LANZA SU PRE-CANDIDATURA PRESIDENCIAL

El ministro asesor de la Presidencia de la República, Carlos Falck, anunció ayer su decisión de buscar la Primera Magistratura de la Nación a través de su movimiento Unión Democrática Liberal (UDL).

"Vamos hacia la segunda Reforma Liberal después de 100 años de que Marco Aurelio Soto y Ramón Rosa llevaran a cabo la primera", aseguró.

El sorpresivo anuncio de Falck tuvo lugar en la Sala de Prensa de la Casa de Gobierno, minutos después que el presidente José Azcona Hoyo declarara en una radioemisora local que su asesor "es otro ciudadano que tiene derecho a aspirar (a la Presidencia)".

Falck dijo que anunciaba la creación de su movimiento, porque después de las elecciones internas del Partido Liberal "todavía no hay una fuerza determinante ni están resueltos los problemas internos".

"Los intereses personales y las ambiciones han profundizado la división, y por ello es necesario que nuevos grupos salgan a la palestra", señaló.

Falck confesó que desde hace mucho tiempo viene trabajando por procurar el surgimiento de su grupo, pero aparentemente, se decidió a hacerlo ayer tras las declaraciones del presidente Azcona.

El mandatario señaló en su intervención radial que tanto él como Falck van a actuar apegados a la conveniencia del país, y dio a entender que por el momento no hay ningún problema con las aspiraciones de su más cercano colaborador.

"Todos tenemos derecho a aspirar" dijo Azcona, quien enfatizó que esas aspiraciones no se van a llenar a costa del poder.

Al respecto, Falck aseguró que no le ha pedido apoyo alguno al presidente porque considera que ello va contra sus principios morales, aparte de que "el gobernante debe mantenerse neutral en la lucha interna del liberalismo".

Falck insistió en que el objetivo de su movimiento no es ganar elecciones sino procurar que el Partido Liberal vuelva a poner en práctica sus principios filosóficos que se traduzcan en planteamientos serios a la colectividad.

"Formamos un grupo que presenta programas, no hombres", sostuvo el nuevo aspirante, quien además se negó a informar sobre los dirigentes liberales que estarían respaldando sus aspiraciones.

Falck destacó que un 30 por ciento de los votantes liberales no acudieron a las urnas el pasado seis de septiembre y que a ese caudal habría que agregar a los seguidores de otros pre-candidatos, que estén de acuerdo en poner en práctica la Segunda Reforma Liberal.

"Necesitamos que a las luchas del partido se incorporen la juventud y la mujer, para que la gente tenga opción de votar por personas nuevas que le devuelvan su verdadera ideología al Partido Liberal", manifestó el funcionario.

Falck militó en su juventud en el Frente de Reforma Universitaria y posteriormente obtuvo su licenciatura en Leyes. Durante la actual administración se ha desempeñado como asesor del presidente Azcona en materia económica y se le considera el funcionario más laborioso de la Casa de Gobierno.

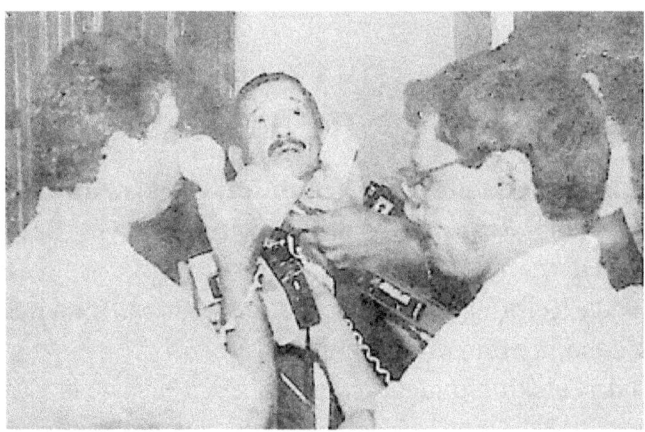

Falck es rodeado por periodistas mientras anuncia su lanzamiento, donde dijo que su aspiración no es ganar la presidencia, sino que contribuir a que el partido liberal conquiste nuevamente sus principios filosóficos en beneficio de la colectividad. (Foto Alejando Serrano).

*El Heraldo/*24 de septiembre de 1987

SE DISPARA OTRO

Es inaudito lo que está sucediendo. Todos creían que las elecciones internas del Partido llevarían la tranquilidad a las esferas oficiales. Se creía eso porque el grueso del grupo político del presidente Azcona, gran parte de ellos funcionarios de su gobierno, o encasillados en los otros poderes del Estado, han venido descuidando sus más elementales responsabilidades públicas por estar metidos, hasta las orejas, en el relajo político de los liberales.

Una vez pasada la consulta interna del liberalismo se pensó que los funcionarios retornarían a sus funciones administrativas. Mucha gente decía: "Espérense, no pierdan la paciencia. Sólo es cosa que terminen estas internas de los colorados y ya van a ver cómo los funcionarios públicos que rodean al presidente se ponen a trabajar".

Pero no más miren ustedes qué sorpresas las que depara la vida. No han terminado de contar los votos en la Comisión Electoral cuando ya sean lanzado otras candidaturas salidas de la mera mata de la casa de gobierno.

En unos reportajes que ha venido publicando LA TRIBUNA habíamos pronosticado la gestación de este último parto. Pero corrieron a desmentirnos. Es mentira, dijeron los boletineros oficiales, son inventos de LA TRIBUNA.

Pero ya ven ustedes cómo son las cosas. No se aguantaron las ganas y rápido salió, como de la nada, otra candidatura de la línea oficialista.

El designado, quien es quizá el asesor más entendido que tiene el presidente en asuntos económicos, tiene que exponer sus ideas por medio de notas y carticas que manda a los medios de comunicación. Buenas ideas y planteamientos, dicho sea de paso.

Las expone en los periódicos, seguramente, porque cuando platica de todo eso al oído del círculo oficial, allá no le hacen caso. Así que el designado, como ciudadano preocupado, tiene que buscarse un foro más atento; que por lo menos le preste oído a todas las buenas cosas que él aspira para bien del país.

¿Cómo van a concretar algo, si quienes tienen la alta obligación de traducir en realidades, lo que otros ponen en el papel, lo que menos les interesa es administrar? No pasan dedicados a ver cómo implementan ningún plan económico ni nada que se les parezca, porque desayunan, almuerzan, cenan y se acuestan con la política.

Hace unos días el designado, y con toda razón, decía que nadie proponía soluciones y que muchos medios de comunicación eran gallos, pero para criticar. Sólo criticando pasan - -se quejaba- - pero nadie plantea soluciones.

No creen que una solución sería que cualquiera de todas esas buenas ideas que tienen ahí escritas en un pedazo de papel las llevara al campo de las realizaciones concretas, mediante un plan bien coordinado. ¿Cómo piensan hacer algo si ni siquiera se ponen de acuerdo? Si lo que dice el uno lo contradice el otro. Uno quiere medidas heroicas de una forma mientras otro de los héroes expone que lo que hay que hacer es otra cosa.

Solución: Comiencen por ponerse de acuerdo. Solución: Convoquen más frecuentemente Consejos de Ministros, o Gabinete Económico, o lo que quieran que les permita una mejor coordinación. Solución: Hay que pensar más en cumplir con la responsabilidad pública de administrar el país, y dedicarle menos al cultivo y promoción de aspiraciones políticas desenfrenadas.

Solución: Detener a todos esos que andan sueltos queriendo ser presidentes y ponerlos a trabajar en equipo junto al presidente de la República, a empujar para un solo lado, no como ahora que mientras unos halan, los otros empujan y todos en direcciones opuestas.

Si aquí no es de parir planes maestros. Con los "machetes" del AID basta y sobra. Quedemos en algo. En vez de gastar papel, para contestarnos este editorial y pegarnos una ultrajada por lo que estamos diciendo, piensen y reflexionen. Si siquiera hicieran un 20 % de todo lo que dicen que quieren o que van a hacer, ya es suficiente para tener esperanza. Menos política, más administración...

La Tribuna/24 de septiembre de 1987

EN CONTRA AZCONA QUE SE CONDONEN MULTAS POR EL IMPUESTO SOBRE LA RENTA

TEGUCIGALPA. (Por Faustino Ordóñez Baca). – El presidente José Azcona Hoyo declaró ayer que "es sumamente peligroso" que se pretenda condonar en el Congreso las multas a que se han hecho acreedoras algunas empresas, por concepto de mora en el pago del Impuesto sobre la Renta, "pues a estas alturas nadie puede tener privilegios".

Pide al Congreso que lo deje trabajar con los actuales impuestos, para no imponer más.
Anunció el cierre de BANASUPRO y de CONADI

El gobernante, en una comparecencia por HRN, pidió públicamente a los congresistas que no tomen ninguna medida que contribuya a la reducción del ingreso corriente del gobierno, y dijo que "si los diputados lo dejan trabajar con los impuestos que están ya decretados", no habrá necesidad de imponer nuevos tributos.

El gobernante comentó que "nos estamos alarmando tanto" al escuchar las medidas que el gobierno está aplicando para reducir el déficit fiscal, y recordó que "no hay países en el mundo que no tengan problemas económicos".

"Estamos manejando las cosas con toda seriedad, la palabra "condonación" está proscrita en este gobierno", añadió.

CIERRE DE MINISTERIOS

El Presidente dijo estar de acuerdo con lo planteado por la empresa privada, en el sentido de que se deben cerrar algunos ministerios para disminuir los gastos en el gobierno.

Pero "no es lo mismo tomar ese tipo de medidas en el gobierno como se puede hacer con algunas empresas de carácter privado, pues hay algunas instituciones descentralizadas que, por su condición de tal, y pese a que signifiquen al estado grandes erogaciones, no se pueden cerrar".

AUMENTAN INGRESOS

Rechazó Azcona la opinión de ciertos sectores de la oposición que señalan que los ingresos del Estado han disminuido en los últimos meses.

"Este año en los primeros ocho meses de gobierno se ha tenido una recaudación fiscal de ingresos corrientes, que representa un aumento del 13.9 por ciento en relación a los ocho primeros meses del año pasado".

Las captaciones de este tipo de ingresos han contribuido a que, en este periodo presidencial, el déficit fiscal sea menor al experimentado en los años del presidente Roberto Suazo Córdova.

Respecto al Presupuesto General de Ingresos y Egresos de la Nación que para el próximo año se ha estimado en más de 2 mil 164 millones de lempiras, superior al actual, el Presidente de la República indicó que los posibles ingresos "lo estamos estimando conservadoramente".

De igual manera han habido "sustanciales" aumentos por la recaudación de impuestos como el de la renta.

Dijo Azcona que este año su gobierno ha tenido un crecimiento en los ingresos fiscales del 13.9 por ciento, y el próximo año los piensa tener de un 8.3 por ciento.

MEDIDAS FUERTES

Confirmó que en el presente año se tomarán "medidas muy fuertes" en cuanto a su lucha porque se pague en su totalidad el Impuesto sobre Ventas, que se fija en un cinco por ciento.

En tal sentido, "vamos a adoptar una modalidad mediante la factura numerada", dijo.

Una vez controlado totalmente el déficit fiscal, el gobierno podrá contar con "una plataforma para negociar con el Fondo Monetario Internacional", respecto a la consecución de nuevos préstamos.

MUCHO ESCANDALO

"Tanto escándalo que se está haciendo sólo porque nosotros no hemos ocultado, desde el designado a la presidencia para abajo, que existe un déficit fiscal, que no es nada nuevo para Honduras", se quejó Azcona.

SUPRESIÓN DE PRIVILEGIOS

Parte de las medidas "heroicas" del gobierno es la supresión de "algunos privilegios que tienen ciertos sectores en base a exoneraciones. "A estas alturas nadie debe tener privilegios", subrayó el mandatario.

"No he pensado en aumento de impuesto, lo que sí voy a pedir públicamente al Congreso Nacional es que no tomen ninguna medida que contribuya a la reducción del ingreso corriente", añadió.

"Ahí hay un proyecto donde se pretende condonar las multas y los recargos por intereses de las personas que están morosas con el Impuesto sobre la Renta; eso me parece que es sumamente peligroso, yo voy a sentar un precedente".

Según Azcona, perdonar las multas a que se han acreditado algunas empresas en el país, es premiar a alguien que ha cometido una cosa incorrecta.

Haciendo alusión a los congresistas, el Presidente de la República dijo que si lo dejan trabajar con los impuestos vigentes no se verá en la necesidad de aplicar nuevos tributos.

"Yo no quiero decir que este gobierno sea gran cosa, o que nosotros estemos haciendo cosas extraordinarias, pero sí quiero decir que estamos manejando todas las cuestiones con toda seriedad".

Si el Congreso Nacional "obliga" al Ejecutivo a no cobrar la mora por concepto del Impuesto sobre la Renta, "estaríamos castigando al que cumple y premiando al que no cumple con sus obligaciones", declaró Azcona.

SACRIFICIO A MÉDICOS

El mandatario durante la entrevista también reveló que ha solicitado al Colegio Médico que se "sacrifique" un poco no cobrándole al Estado la mitad del 40 por ciento de incrementos salariales que les corresponde, conforme al Estatuto del Empleado Médico, que fue aprobado el año anterior.

Asimismo, reiteró a los maestros que su gobierno mantiene su posición de otorgarles 75 millones de lempiras como aumentos salariales, que serían diferidos en cinco años. "Lo que está dando el gobierno, es lo más que puede dar", recalcó Azcona.

SALARIOS CONGELADOS

Aseguró que a "una gran mayoría" de los empleados públicos el gobierno no les incrementará sus sueldos el próximo año, pero si hubiere necesidad de aumentarles a algunos que sí lo necesitan, "ello no influirá enormemente en el presupuesto".

ENRIQUECIMIENTO ILICITO

Anunció Azcona que no firmará ningún acuerdo donde un aspirante a ocupar un puesto público no haya presentado todos sus documentos, especialmente el que se refiere a la declaración jurada de bienes que otorga la Dirección de Probidad Administrativa.

También se le preguntó por qué no se juzga a "muchos funcionarios públicos que han robado tranquilamente y se pasean por las calles de la capital", a lo que respondió: "No es nuevo en Honduras; yo lo que voy a responder es que ningún ministro, ni otro funcionario, en este gobierno va a salir enriquecido".

"Hemos exigido a los ministros que no den posesión a ningún empleado que no haya cumplido con ese requisito", puntualizó.

"No tengo facultad para juzgar lo pasado y para tomar acciones; estamos persiguiendo a todo aquel que delinque, pero dentro de nuestras funciones, porque nosotros no podemos usurpar funciones que son competencias de otros poderes del estado".

CERRARÁ BANASUPRO

El mandatario reveló que una de las instituciones que "posiblemente", sean cerradas en el transcurso de su gobierno es la Suplidora Nacional de Productos Básicos (BANASUPRO), porque "nunca tuvo rentabilidad, lo que constituyó para el gobierno una carga muy grande".

También dijo que la misma suerte correrá la Corporación Nacional de Inversiones (CONADI) que junto a BANASUPRO fue creada en la administración del general Oswaldo López. La CONADI posiblemente sea convertida en un "banco de segundo piso", un banco abierto al público donde serán accionistas los bancos hondureños y el mismo Estado.

José Azcona Hoyo

La Prensa/24 de septiembre de 1987

84

REINAS DE BELLEZA VISITAN PRESIDENTE

TEGUCIGALPA. – El presidente José Azcona Hoyo recibió ayer a las candidatas a "Señorita Independencia de América", evento que se llevará a cabo mañana en uno de los centros sociales de la capital.

En este reinado participan las bellezas de los países latinoamericanos y Estados Unidos, y los fondos que se obtengan serán para obras de beneficio de la niñez.

La representante de Panamá, Jeane Densen, que actuó como vocero del grupo de bellezas, exhortó a los gobernantes centroamericanos que utilicen la comunicación permanente como única vía para lograr la paz en la región.

"Este acontecimiento será aprovechado para transmitir mensajes de paz y amistad a todos los países", agregó.

*Tiempo/*25 de septiembre de 1987

Acusan sindicalistas:

CON CLAUSURA DE BANASUPRO AZCONA AFECTA A LA POBLACIÓN DESPOSEÍDA

El sindicato de la Suplidora Nacional de Productos Básicos (BANASUPRO) acusó ayer al presidente José Azcona Hoyo de ser el responsable de dañar a la población de escasos recursos económicos con el eventual cierre de la institución.

Azcona Hoyo anunció el pasado miércoles el cierre definitivo de BANASUPRO como una medida que el gobierno implementará para reducir el déficit fiscal.

Ante esta situación del titular del Poder Ejecutivo, Luis Alberto Galeas, presidente del Sindicato de Trabajadores de la Suplidora Nacional de Productos Básicos (SITRABANASUPRO), dijo que Azcona Hoyo con el cierre de la institución afectará a la gente humilde de este país.

85

"El sindicato hará la lucha para evitar que esa desatinada decisión gubernamental no se haga realidad y le vamos a demostrar a Azcona Hoyo que un sindicato no se va a cerrar sólo porque él diga, pues tenemos el apoyo de la Central General de Trabajadores y del pueblo consumidor" anunció Galeas.

Denunció el dirigente que la politización en la entidad ha sido la responsable de su quiebra.

Galeas informó que la institución tiene empleada a más de 500 personas, por lo que harán la lucha para impedir la clausura de la misma.

BANASUPRO fue creada en 1974 por el gobierno de Oswaldo López Arellano para servicio de las comunidades marginadas del país. (FG).

Tiempo/25 de septiembre de 1987

[Editorial]

SE PERDIÓ EL PRINCIPIO DE AUTORIDAD

El hecho de que varios de los más cercanos colaboradores del Señor Presidente de la República se hayan lanzado a la lucha por conquistar la candidatura oficial del Partido Liberal para las elecciones generales de noviembre de 1989, trastorna todo el sistema, desconcierta al pueblo y convierte de un solo lengüetazo algo de lo más importante en una bufonada.

Bajo el ala del gobernante, las ambiciones se han acrecentado hasta formar grupos politizados que operan desde la propia Casa de Gobierno, comprometiendo con ello las delicadas funciones del ingeniero Azcona del Hoyo.

No basta, Señor Presidente de la República, que usted proclame que no apoya a ninguno de los candidatos presidenciales surgidos en el seno de su partido, aunque se afirma por revelaciones de los propios personajes envueltos en la madeja, que usted ha estado hablando en forma personal como por la vía telefónica para instar a sus amigos a que abandonen determinadas corrientes internas y se unan en un apoyo masivo al licenciado Carlos Orbin Montoya, el hombre que ha pasado cerca de dos años luchando desaforadamente contra sí mismo. Si fuera cierta esa versión, usted ha cometido su peor error político como también, en su condición de gobernante, ha faltado a su alta investidura tomando partido en una lucha devastadora y degenerativa que ya está hundiendo en el desprestigio al Partido Liberal.

Una buena parte del pueblo hondureño en la tremenda lucha interna librada por la gente que lo rodeaba en 1985 contra las maniobras brutales ejercidas por el ex gobernante Suazo Córdova y sus seguidores, le dio su voto porque consideraban, dada su posición frente al abuso del Ejecutivo, como un hombre recto, serio y trabajador. Pensaron en aquellos momentos, Señor Presidente, que Honduras requería de un hombre con su CARÁCTER firme y que no aceptaba componendas ni abusos. Lamentablemente la realidad ha destruido esa imagen suya, Señor Presidente, porque usted ha permitido que se abuse abiertamente de su autoridad, la cual se ha disminuido y vulnerado por quienes eran unos perfectos desconocidos en el Partido Liberal, como es el caso del señor Carlos Falk, su asesor económico con el título de Abogado y Notario. Igual cosa podemos decir de otros dos candidatos presidenciales que están adscritos a la Casa de Gobierno, desde la cual discurren en el chiste de las candidaturas, porque el ser candidato presidencial bajo su régimen, Señor Presidente, ha pasado a convertirse en algo jocoso, desnaturalizado, prostituido y ha pasado en grado superlativo a una degeneración geométricamente considerada. Su propio movimiento político que lo llevó al poder, Señor Presidente de la República, se ha fraccionado en múltiples partes y cuyas formas originales se han distorsionado para volverse irreconciliables y capaces de cualquier cosa, menos buscar la unidad polarizadora en el maltrecho Partido Liberal.

Es necesario decirle ahora, Señor Presidente de la República, que el pueblo en general ha perdido confianza en su administración y no tiene confianza ya en la firmeza de su carácter porque ha permitido que desde las propias oficinas de la Casa de Gobierno se esté fraguando candidaturas que han hecho aflorar como la hierba después de la lluvia a los apóstatas del liberalismo que están trabajando tesoneramente para perder las elecciones generales de noviembre de 1989.

No seríamos buenos hondureños, si le ocultamos al primer Ciudadano de nuestra Patria, la verdad que anda a todo galope por las calles de nuestras ciudades y de nuestros pueblos, sumidos en la desesperación, abocados como están a su propia realidad en donde el hambre impera. No es nuestra intención ofender a su persona ni al cargo más alto de la nación, pero es necesario hablar claro en este momento, cuando apenas nos asomamos a los dos primeros años de su mandato constitucional, porque tiene el tiempo justo para enmendar los muchos errores cometidos, entre ellos el de permitir que sus empleados más cercanos estén dedicados a la política divisionista y vertebrada, aprovechando esos cargos y esos sueldos devengados malamente para hacerse de sus tiendas de campaña, hoy refulgentemente extendidas en los patios de la casa presidencial.

Usted, ingeniero Don José Simón Azcona Hoyo, Presidente Constitucional de la República tiene una delegación expresa de nuestro pueblo a quien usted ha ofendido de manera directa al manifestar públicamente que era capaz de renunciar a su cargo, si le exigían cambiar a uno de sus funcionarios de tercera categoría, simplemente porque era su amigo. Amigos suyos, Señor Presidente de la República, fueron todos aquellos que marcharon a las urnas para vencer la propia imposición que se intentó ejercitar durante el régimen liberal pasado, amigos suyos somos quienes nos atrevemos a manifestarle que ya perdió un gran volumen de apoyo popular, mismo que disminuye aceleradamente, a medida sus protegidos continúen metidos hasta el cuello en una lucha estéril y materialmente imposible de librar en condiciones tan desiguales, sin ningún prestigio obtenido en la diaria lucha por los intereses de este país, aguijoneado por una monumental deuda externa y una carencia casi absoluta de funcionarios públicos capaces, dedicados exclusivamente a sus deberes en favor de los intereses de Cuatro Millones Quinientos mil compatriotas.

EL HERALDO considera que es el mejor momento para formularle una petición a usted, Señor Presidente Constitucional de la República, a quien es nuestro deber respetar, a fin de garantizarnos los próximos dos años hasta el final de su mandato, si no es que antes usted se ve en la necesidad de renunciar a la presidencia ante la imposibilidad de detener el clamor general para que renuncie al Director del Instituto Nacional Agrario, un cadáver insepulto, inoperante y antiagrarista, o bien porque la proliferación de más candidatos presidenciales salidos de la Casa de Gobierno, termine por ahogarlo y volverlo más impotente. O quizás por otras circunstancias. Pero es nuestro deber manifestarle, Señor Presidente de la República que es un imperativo categórico, como decía Villeda Morales, que renuncie a todos los aspirantes presidenciales que están codo a codo con usted, bajo el lema popular de que EL QUE QUIERA COMER PESCADO...QUE SE MOJE LAS POSADERAS...

*El Heraldo/*25 de septiembre de 1987

RECESO. -El presidente José Azcona recibió ayer en Casa de Gobierno a las 13 hermosas participantes en el Miss Independencia de América, que se celebrará mañana en Tegucigalpa. Las Jóvenes son representantes de Estados Unidos, Venezuela, Puerto Rico, El Salvador, Ecuador, Argentina, México y otras naciones del continente americano. (Foto Andrés Sabillón).

*El Heraldo/*25 de septiembre de 1987

TÉCNICOS DOMINICANOS RECIBIÓ AZCONA HOYO

El presidente José Azcona recibió en su despacho al embajador de República Dominicana, Juan Canó De la Mota, junto a un grupo de asesores técnicos que prestan asistencia a Honduras en miras a los IV Juegos Deportivos Centroamericanos, Honduras 1990.

El diplomático dominicano explicó que la visita sirvió además para presentarle al mandatario hondureño el grupo de preparadores que se encuentran prestando asesoría en distintas ramas del deporte y administración del país.

"Esta tarea, agregó Canó De la Mota, es un deseo de nuestro gobierno y de sus autoridades para hacer real y efectivo el incremento de las actividades deportivas y es en base a ello que hemos hecho esta visita al señor presidente y manifestarle interés por seguir cooperando al máximo con más asesores".

La ayuda, señaló el entrevistado, comprende la llegada de los asesores con sus respectivos gastos, con la esperanza de ampliar dicha asistencia hasta 1990, año en que se realizarán los IV Juegos Deportivos.

Danilo Aquino, asesor del Comité Organizador de dichos juegos y del Comité Olímpico Hondureño (COH), en lo concerniente a la organización y montaje del evento manifestó, que es importante estar aquí compartiendo experiencias propias a fin de lograr un éxito en el próximo evento.

A estas personas, les acompañaban los entrenadores Francisco del Villar de gimnasia olímpica y Nelson Malte de Boxeo a los que se suman otro técnicos en lucha olímpica y dos de béisbol: próximamente, dijo Aquino, tendremos la presencia de asesores en picheo, uno en boxeo y otro para preparar árbitros de béisbol. (AZ).

*La Tribuna/*25 de septiembre de 1987

QUE AZCONA DIO NOMBRES DE DIPUTADOS MOROSOS AFIRMA

TEGUCIGALPA. – La diputada nacionalista María Consuelo Rodríguez, denunció ayer que el ejecutivo mandó a publicar la lista de los parlamentarios morosos con el fisco nacional en los medios de comunicación del país.

"Sostengo que lo anterior en el hecho que el presidente José Azcona nos avisó a un grupo de diputados que daría a conocer algunos de los nombres de legisladores deudores al Estado, en concepto de impuestos", afirmó.

A su vez la representante callejista se contradijo al aseverar que tal vez el mandatario no fue quien entregó la lista, pero sí pudo haber sido filtrada por una de las secretarías de Estado.

"Creo que fueron los funcionarios del Ministerio de Hacienda quienes filtraron la información al medio en que salió impresa", comentó.

Rodríguez aseguró que el presidente les expresó su preocupación porque está enterado de que algunos "padres de la patria" son de los más fuertes defraudadores del fisco nacional al faltar en el pago de tributos al Estado.

*La Prensa/*25 de septiembre de 1987

IRRESPETO A AZCONA

TEGUCIGALPA. – Óscar Melara Murillo, representante del Movimiento Amigos de Carlos Montoya (ALCOM), dijo que el arranque de la precandidatura de Carlos Falck, es una falta de respeto al presidente Azcona, ya que surge del seno de la casa de Gobierno.

Manifestó que Falck no tiene el liderazgo, ni la capacidad para aspirar a conducir los destinos de la nación, y sólo demuestra sus ambiciones presidenciales en circunstancias inoportunas, pues hasta el momento no se han elegido las autoridades del partido.

Considera Melara Murillo que éste no es el momento para la proliferación de precandidaturas presidenciales, ya que no se ha resuelto el problema de las elecciones primarias.

Sostuvo que Falck le está faltando al respeto al presidente Azcona al confundir la libertad con libertinaje, ya que son colaboradores cercanos del mandatario tal es el caso de Williams Hall Rivera.

*La Prensa/*24 de septiembre de 1987

AZCONA DEBE ACLARAR

TEGUCIGALPA. — El doctor Ramón Villeda Bermúdez dijo que en casa presidencial todos los ejecutivos son precandidatos presidenciales, mientras no prueben lo contrario, al referirse a la nueva corriente del Partido Liberal.

Manifestó que estas corrientes sólo provocan la división del liberalismo, y lo extraño del caso es que surgen del seno de casa presidencial lo que pone en duda, la imparcialidad del gobernante.

Dijo Villeda Bermúdez que el propio Azcona tiene que aclarar estas situaciones cuando sus más cercanos colaboradores surgen a la palestra política con aspiraciones presidenciales.

Manifestó que el mandatario para evitarse acusaciones sobre sus inclinaciones a favor de determinado aspirante debe aclarar públicamente, pues ya se ha dicho que respalda absolutamente al licenciado Carlos Montoya.

Declaró que una cosa es tener aspiraciones presidenciales y otra contar con el calor popular, y esto último tendrá que demostrarlo Carlos Falck, que ha sido acusado de haber incursionado en el movimiento de Jorge Roberto Maradiaga, para aspirar al poder.

A juicio del presidenciable liberal, estas precandidaturas sólo afectan la imagen del gobierno, pues surgen en la presidencial en circunstancias aún no aclaradas por el gobernante.

Considera que salen tantas precandidaturas de la casa de gobierno, que de repente el mandatario se queda sin sus colaboradores de confianza, pues para consolidar las bases del partido se necesita de un trabajo intenso.

Dijo Villeda Bermúdez que se debe esperar las reacciones del pueblo liberal, sobre éstas apariciones de candidatura presidenciales, pues el poder se sustenta en las bases.

Ramón Villeda Bermúdez

La Prensa/24 de septiembre de 1987

AZCONA DEBE RECONCILIAR

TEGUCIGALPA. –El presidente José Azcona Hoyo debe intervenir en la reconciliación de las corrientes políticas de su partido, pues esta prematura ambición por el poder no abona en nada al proceso de desarrollo nacional, opinó ayer el secretario general adjunto de la Central General de Trabajadores (CGT), Felícito Ávila.

Ávila recalcó que el mandatario tiene que buscar una reconciliación en los aspirantes presidenciales del partido hecho gobierno ya que se está utilizando el tiempo en acciones dañinas para el país.

Precisó el dirigente sindical que el pueblo no tolera más política por la que es necesario unificar esfuerzos para apoyar a este gobierno que enfrenta serias dificultades.

Es responsabilidad del presidente hacer la reconciliación en los movimientos internos del Partido Liberal porque de continuar esta situación el mayor afectado será él, recomendó el secretario general adjunto de la CGT. (FG).

Tiempo/25 de septiembre de 1987

Reconoce Azcona:

NUEVO PRESUPUESTO ESTÁ ORIENTADO A LOGRAR MÁS PRÉSTAMOS EXTERNOS

- *Pide al Congreso que tenga cuidado con la aprobación de decretos que puedan disminuir los ingresos fiscales*

El Presupuesto General de Ingresos y Egresos la República para 1988 ha sido concebido para lograr las condiciones que permitan seguir negociando nuevos convenios de cooperación económica, según reconoce el presidente José Azcona Hoyo en mensaje enviado al Congreso Nacional, al remitir dicho documento.

Adicionalmente, el presupuesto promueve las áreas básicas para la actividad productiva y contiene acciones y medidas específicas para contener el gasto corriente y mejorar la eficiencia y disciplina en la gestión del gobierno central, de acuerdo al presidente.

"Todo ello dará como resultado una reducción en la brecha fiscal que nos permitirá establecer una plataforma sólida para negociar con mejor fundamento convenios de cooperación económica con el Banco Mundial y el Fondo Monetario Internacional" añade el mensaje.

Según el gobernante, si se logran esos préstamos "se consolidarán definitivamente las bases que sustentarán la continuación del proceso sostenido de recuperación económica del país".

Azcona asegura que el presupuesto se orienta al logro de los grandes objetivos nacionales establecidos en el Plan Nacional de Desarrollo 1987-1990, pero este último documento todavía no ha sido aprobado por el Congreso Nacional, a pesar que está en su poder desde hace varios meses.

Añade que el presupuesto se enmarca dentro de los parámetros básicos de corto plazo de la política de medidas económicas del gobierno que tienden a una mejora y ordenamiento de las finanzas públicas.

"El gobierno contempla un decrecimiento del gasto corriente de -1.4 por ciento respecto al presupuesto estimado de 1987, espera que el nivel de inflación sea del 3.5 por ciento y que el crecimiento real del Producto Interno Bruto sea del 4 por ciento", manifiesta.

Además, se contempla que el déficit neto bajé del 7.2 por ciento actual aún 5.1 porciento.

Según Azcona, lo anterior "es el resultado de la política de racionalidad y eficiencia en la administración pública que ha venido observando el gobierno central y que se traduce en indicadores económicos que reflejan una recuperación de la economía nacional".

El mandatario asegura que la política fiscal que se adoptará en 1988 "se orienta fundamentalmente a disminuir el desequilibrio financiero" y que se contempla reducir el desahogo corriente en un 60 por ciento respecto al estimado para 1987, como resultado de la aplicación de medidas del control tributario y de contención del gasto.

A continuación, promete que se llevará un control, evaluación y seguimiento del sector descentralizado para atenuar el impacto negativo que la inadecuada gestión de estas instituciones provoca en las finanzas del sector público.

"Es evidente que para lograr los propósitos señalados debemos contar con el apoyo decidido del Congreso en lo que respecta a favorecer la política del Gobierno Central para evitar el deterioro o disminución de los ingresos fiscales", pide el gobernante.

Recomienda que el Congreso cuide que cualquier medida o iniciativa que pudiera aprobarse "no tenga una incidencia negativa en los ingresos fiscales y, antes bien, propenda a fortalecer las finanzas del Estado, ya que de otra manera sería imposible lograr las metas que establecen los indicadores económicos que nos proponemos alcanzar".

Si el Congreso actúa de esa forma, Azcona tiene la seguridad de que el Poder Legislativo estará contribuyendo al fortalecimiento y saneamiento de la economía nacional.

Por su parte, promete que se ejecutarán acciones para mejorar la captación de ingresos y controlar la defraudación fiscal además de que habrá una labor estrecha de evaluación y coordinación para mejorar la gestión presupuestaria.

El Heraldo/25 de septiembre de 1987

SÓLO EL DIÁLOGO LLEVA A LA PAZ: MISS PANAMÁ

Sólo mediante la comunicación sincera y sin cortapisas podrán los pueblos y gobiernos concertar la verdadera paz, dirimiendo sus problemas por la amplia vía del diálogo hasta arribar a soluciones concretas y reales.

Así expresó ayer la "Señorita Panamá", Jenia Nenzen, quien habló en representación de las 16 concursantes al certamen "Señorita Independencia/América 87", al término de una visita al presidente José Azcona.

"En nombre de todas mis compañeras, dijo, estamos muy agradecidas con el pueblo de Honduras, al que exhortamos a que colabore con una noble causa concurriendo al certamen de belleza "Miss Independencia de América", qué se realizará mañana en el Centro Social Metro, auspiciado por el Club Rotario Tegucigalpa.

Manifestó que el mandatario hondureño "es una persona muy simpática, muy agradable que tiene grandes valores, permitiéndonos intuir que es una persona que expresa lo que siente, lo cual es muy importante en un presidente, y presidentes como él son los necesarios en este mundo", subrayó.

Reiteró que este tipo de eventos son muy importantes porque permiten hermanar a los pueblos al estarnos comunicando, y por medio de esta vía estamos transmitiendo los mensajes de nuestros países, que son de paz y de amistad, a la vez realizamos obras para beneficio de nuestros pueblos".

Respecto su país, Panamá, dijo que la situación representa un grave problema, porque no ha habido un acuerdo entre la posición del gobierno y el pueblo, "pero en el momento en que ambos se sienten a dialogar, entonces se podrá realmente solucionar el problema", puntualizó.

Las candidatas al certamen de belleza "Señorita Independencia de América" junto al presidente José Azcona (Foto de Aquiles Andino).

Jenia Nenzen, "Miss Panamá". (Foto de Aquiles Andino).

La Tribuna/25 de septiembre de 1987

FALCK TIENE DERECHO: AZCONA

El presidente José Azcona afirmó ayer que la proliferación de precandidatos en el Partido Liberal "únicamente beneficiará a Rafael Leonardo Callejas", el aspirante del Partido Nacional.

El mandatario consideró como correcto el lanzamiento de su ministro asesor Carlos Falck, anunciado el miércoles desde la misma Casa de Gobierno, "porque él tiene derecho", dijo.

Lo expresado por el mandatario difiere del criterio del ministro de la Presidencia, Céleo Arias, quien expresó que Falck no tiene ningún derecho a aspirar a la presidencia por el PL, "porque él es un liberal de un mes antes de las elecciones generales que llevaron a Azcona al poder".

Manifestó que "Falck no tiene ningún derecho, porque de acuerdo a los estatutos del Partido Liberal se exige una militancia de cinco años" para ser candidato.

Azcona dijo que Falck no habló de candidatura, sino que de la organización de un movimiento, el de la Unidad Democrática Liberal, pero enfatizó el presidente, "yo no estoy apoyando ningún precandidato".

Cuando se le señaló que algunos precandidatos sostenían que Falck debería ser separado del cargo, Azcona dijo que hay otro precandidato que es empleado también el gobierno y no se ha tomado ninguna medida para destituirlo.

"Entonces, expresó, eso depende que si el abogado Falck sigue cumpliendo con su trabajo, como lo ha hecho, porque es un trabajador extraordinario y el tiempo de su trabajo lo dedica a trabajar, no habría necesidad de tomar ningún tipo de medida".

Insistió que si Falck "cumple con su deber no afecta en nada su administración, porque no es solo él, sino que hay un sinnúmero de candidatos", agregando que "yo he tirado unas líneas generales que, si al Liberalismo le parecen bien o no le parecen, a mí no me preocupan".

Mientras, pronosticó que "lo que sí no va a ser posible es obtener una unidad dentro del partido con tantos precandidatos, porque va a ser una fragmentación extraordinaria, que después recoger todos esos fragmentos y unirlos para hacer tarea de titanes", concluyó.

La Tribuna/26 de septiembre de 1987

Al remitirles proyecto de presupuesto:
APOYO DECIDIDO DEMANDA AZCONA AL LEGISLATIVO

TEGUCIGALPA. – El presidente José Azcona Hoyo remitió al Congreso Nacional el proyecto de Presupuesto General de Ingresos y Egresos de la República para el ejercicio fiscal del año próximo, destacando que la política fiscal que se adoptará en 1988 se orientará fundamentalmente a disminuir el desequilibrio financiero.

El mandatario, en el documento de justificaciones enviado al presidente del Congreso Nacional, Carlos Orbin Montoya, demanda el "apoyo decidido" del Poder Legislativo para favorecer la política del gobierno central tendiente a evitar el deterioro o disminución de los ingresos fiscales.

El Congreso Nacional, agrega Azcona, debe cuidar que "cualquier medida o iniciativa que pudiera aprobarse, no tenga una incidencia negativa en este componente y, antes bien, propenda a fortalecer las finanzas del Estado, ya que de otra manera sería imposible lograr las metas que establecen los indicadores macroeconómicos que nos proponemos alcanzar".

"Es conveniente destacar -dice el documento- qué el Presupuesto General de Ingresos y Egresos del país, además de orientarse al logro de los grandes objetivos nacionales establecidos en el Plan Nacional de Desarrollo 1987-90, se enmarca en los parámetros básicos de corto plazo de la política de medidas económicas del gobierno, que tienden a una mejora y ordenamiento de las finanzas públicas, contemplándose un decremento del gasto corriente del -1.4 por ciento respecto al presupuesto estimado de 1987, manteniéndose en un nivel inflacionario del 3.5 por ciento y un crecimiento real del PIB de alrededor del 4 por ciento".

Las metas presupuestarias contempladas para 1988, están dentro de los parámetros establecidos de mediano plazo, proyectándose reducir el déficit neto/PIB aproximadamente a 5.1 por ciento en comparación con el estimado del 7.2 por ciento para 1987.

El presupuesto de la vez que promueve las áreas básicas para la actividad productiva, contiene acciones y medidas específicas para contención del gasto corriente, mejorando a su vez la eficiencia y disciplina en la gestión de las dependencias del gobierno central, todo lo cual da como resultado una reducción en la brecha fiscal.

"Esto nos permite -señala Azcona- establecer una plataforma sólida para negociar con mejor fundamento convenios de cooperación económica con organismos internacionales como el Banco Mundial y el Fondo Monetario Internacional, que de lograrse nos permitiría consolidar definitivamente las bases que sustentarán la continuación del proceso sostenido de recuperación económica del país".

El presidente Azcona le explica al licenciado Montoya que la política fiscal que se adoptará en 1988 se orienta fundamentalmente a disminuir el desequilibrio financiero, contemplándose reducir el desahorro corriente en un 60 por ciento respecto al estimado para 1987, como resultado de la aplicación de medidas de control tributario y contención del gasto, aplicando cada vez mayor racionalidad en su utilización.

Por otra parte, se llevará un control, evaluación y seguimiento del sector descentralizado Para atenuar el impacto negativo que la inadecuada gestión de estas instituciones provoca en las finanzas del sector público.

Finalmente, Azcona Hoyo manifiesta que tiene la seguridad de que el Congreso Nacional contribuirá al fortalecimiento y saneamiento de la economía de nuestro país, y el gobierno central, por su parte, ejecutará a través del Ministerio de Hacienda acciones para mejorar la captación de ingresos y controlar la defraudación fiscal, mientras que el Ministerio de Planificación ejecutará una labor estrecha de evaluación y coordinación que tenderá a mejorar la gestión presupuestaria. (TDG).

*Tiempo/*25 de septiembre de 1987

APOYO PIDE AZCONA AL CONGRESO PARA EVITAR DETERIORO DE INGRESOS FISCALES

TEGUCIGALPA. – Un "apoyo decidido" pide el presidente José Azcona Hoyo al titular del Congreso Nacional, Carlos Montoya, en el oficio expositivo que acompaña al proyecto de "Presupuesto General de Ingresos y Egresos de la República" que fue remitido ayer a la consideración de la Cámara Legislativa.

El presupuesto para el año fiscal de 1988 asciende a más de 2,164 en millones de lempiras, o sea un incremento de aproximadamente 232 millones Qué significa un 8 por ciento en relación al presupuesto actual, que suma los 1,932 millones.

Azcona Hoyo dice en su oficio a Montoya que somete a consideración y aprobación del Congreso el extenso paquete que contiene cuatro documentos.

"El proceso de conformación de este documento de parte de la Secretaría de Planificación, Coordinación y Presupuesto se inició en marzo de 1987, cuándo se formuló el instructivo estableciendo los techos financieros que utilizaron las diferentes instituciones del Gobierno central para la preparación del presupuesto dice el mensaje de Azcona.

En el proyecto se contempla un "incremento del gasto corriente de 1.4 por ciento respecto al presupuesto estimado de 1987 manteniéndose un nivel inflacionario del 3.5 por ciento y un crecimiento real del PIB de alrededor del 4 por ciento".

Las metas presupuestarias contempladas para 1988, añade, están dentro de los parámetros establecidos de mediano plazo, proyectándose reducir el déficit neto/PIB aproximadamente a 5.1 por ciento en comparación con el estimado del 7.2 por ciento para 1987".

Agrega el mandatario a los congresistas que "es evidente que para lograr los propósitos señalados debemos de contar con el apoyo decidido del soberano Congreso Nacional en lo que respecta a favorecer la política del gobierno central tendiente a evitar el deterioro o disminución de los ingresos fiscales".

El deseo de Azcona es que los parlamentarios no tomen las medidas que influyan negativamente en el presupuesto para el siguiente año, al contrario, se deben tomar resoluciones que deberían "fortalecer las finanzas del Estado, ya que de otra manera sería imposible lograr las metas que establecen los indicadores macroeconómicos que nos proponemos alcanzar".

La Prensa/25 de septiembre de 1987

INCIDENCIA NEGATIVA TIENE CENTROAMÉRICA EN HONDURAS

El presidente José Azcona reafirmó que el momento actual que atraviesa el país, debiera ser para analizarlo con profunda reflexión por todos los hondureños, "porque todos los conflictos internos que padecen algunos países hermanos de Centroamérica, inciden negativamente en el nuestro, tanto en el aspecto de tranquilidad social, como de desarrollo económico".

Tales conceptos fueron exteriorizados en el marco de la celebración del 50 Aniversario de la organización de la Cruz Roja Hondureña, durante un acto especial celebrado en el Salón de Sesiones de la Corporación Municipal de Tegucigalpa.

Empero, señaló que en Honduras somos optimistas, porque hay disposición para el trabajo y espíritu de lucha en la gran mayoría de los hondureños y esas son actitudes que tienen que ser estimuladas para que den provecho y para que fortalezcan nuestros modos históricos de vida".

Demandó alentar las potencialidades de la población con nuestro entusiasmo para el trabajo y con el ejemplo constructivo que los forjadores de la República pusieron en cada una de sus obras, que eran obras impulsadas para el interés general y con miras que abarcan a las generaciones venideras.

Azcona puntualizó que "en esos puntos de vista, que son esenciales para infundirle la vitalidad al país, se fundamenta el presente gobierno, enfrascado en la ardua tarea de llevar a cabo las obras materiales y sociales que la nación requiere, para cimentar con seguridad y con certeza, su existencia de hoy y del futuro".

Aspecto de la mesa principal durante los actos de celebración del 50 aniversario de la Cruz Roja Hondureña, que fueron encabezados por las máximas autoridades de la institución y el presidente José Azcona y su esposa Miriam de Azcona.
(Foto Osvaldo Estrada)

La presidenta de la Cruz Roja Hondureña, Meneca de Mencia, entregó al mandatario José Azcona un reconocimiento especial por la colaboración del gobierno a la benemérita institución. (Foto Osvaldo Estrada)

La Tribuna/26 de septiembre de 1987

PREPARADO VIAJE DE AZCONA A ESPAÑA

El embajador de Honduras en España, Humberto López Villamil, anunció ayer que el gobierno del presidente Felipe González está preparado para recibir al mandatario José Azcona en la primavera el próximo año, sin precisar la fecha.

Destacó que durante el encuentro de ambos mandatarios se contempla la posibilidad de acordar alguna ayuda a Honduras, en el marco del espíritu de cooperación que tiene ese país con las naciones iberoamericanas y cuando se aproxima la celebración del Quinto Centenario del Descubrimiento de América.

Agregó que posiblemente Honduras va a gestionar la erección de un monumento en la ciudad de Trujillo, que rememore ese hito en la historia que realizó Cristóbal Colón al poner el primer pie en el Continente Americano.

Significó el optimismo creado en toda Europa con motivo del acuerdo de Paz de Guatemala, en el cual se logra un convenio propio de los países centroamericanos, sin injerencia de los demás y menos de las grandes potencias, lo que es muy importante, comentó.

En respuesta a cuál ha sido la ayuda que ha brindado el gobierno español durante sus funciones como embajador, López Villamil sostuvo que hay programas de asistencia de parte de España a las comunidades hondureñas.

Recientemente, dijo, la organización de la UNICEF está recogiendo todo lo que percibe en la venta de una serie de productos (estampillas y tarjetas de Navidad), lo que reportará una suma de 20.000.000 de dólares para un programa dedicado a las madres y niños de Honduras, como una contribución del pueblo español.

Dijo que pueden lograrse mayores ayudas, particularmente para el mejoramiento del sistema de pesca que aquí es insuficiente porque no la sabemos explotar y se requiere de una asistencia técnica.

Otra asistencia y que está en proyecto es la posibilidad de mejorar la construcción de pequeños barcos, de pesca y de otra naturaleza, para mejorar la calidad del artesano hondureño, principalmente el de la Costa Norte.

En otro orden, negó que exista un mal funcionamiento en el Consulado de Honduras en Madrid, asegurando que el cónsul es eficiente, por lo que "yo respondo de que su calidad administrativa es correcta, y no hay razón para hacer crítica".

"Por lo tanto, reiteró, a mí juicio no hay ningún problema en el consulado de Honduras en Madrid".

La Tribuna/26 de septiembre de 1987

VUELVE DOLE PARA REUNIRSE CON LÍDERES DE LA CONTRA

El jefe de prensa de la Embajada de los Estados Unidos, Charles Barclay, informó que dentro de los próximos días ingresará un grupo de senadores norteamericanos encabezados por Robert Dole, quienes tienen previsto entrevistarse con funcionarios y líderes de los contras nicaragüenses. Dole, quien estuvo recientemente en Honduras, es representante de Nueva York y aspirante a la nominación del partido republicano y "los senadores volverán de nuevo a conocer el avance de la política de paz en Honduras. Tenemos entendido que se entrevistarán con funcionarios del gobierno y con líderes de la contra. Pero el fin principal de su visita es sostener un diálogo con el presidente José Azcona", dijo Barclay.

Por otra parte, informó que continúa vigente la prohibición para los 1.111 soldados acantonados en la base de Palmerola de visitar los prostíbulos de Comayagua, extendiéndose la medida hasta las visitas a casas particulares, salvo que lo hagan bajo su propio riesgo.

Barclay informó que la prohibición que en principio se circunscribía a los prostíbulos, emanó a raíz del estallido de una bomba en una céntrica cafetería de Comayagua que dejó como resultado varios soldados norteamericanos y civiles hondureños heridos.

La Tribuna/26 de septiembre de 1987

AZCONA APROBÓ PRÉSTAMO AL CUERPO DE BOMBEROS

TEGUCIGALPA. – El comandante general del Cuerpo de Bomberos Asdrúbal Varela confirmó que el gobierno aprobó un préstamo de 1.5 millones de lempiras para que esa institución adquiera nuevas unidades.

Con el préstamo se comprarán ocho unidades bomberiles que servirán para brindar un mejor servicio al pueblo hondureño, mientras que las que se encuentran en mal estado serán reparadas en el futuro.

El crédito lo autorizó el presidente de la república José Azcona hace varios meses de un remanente del empréstito entre los gobiernos de Argentina y Honduras.

Tiempo/28 de septiembre de 1987

"SOY NEUTRAL EN LAS LUCHAS DEL PARTIDO LIBERAL"

TEGUCIGALPA. –El presidente José Azcona Hoyo anunció ayer que tan pronto como los funcionarios públicos que militan en la política formalicen en sus precandidaturas presidenciales, aceptará a sus respectivas renuncias y afirmó categóricamente que en este "régimen no hay candidatos oficiales".

Tales revelaciones las hace el mandatario en una misiva dirigida a un rotativo de la capital en la cual también niega que haya estado al habla con algunos amigos liberales para instarlos a que se sumen masivamente al movimiento de Carlos Montoya, presidente del Congreso.

"Mi posición es de neutralidad en las luchas internas del Partido Liberal y de absoluto respeto a las demás organizaciones sociales y políticas, como mecanismo para garantizar la libre participación de todos en la vida política del país", agrega Azcona.

Sin embargo, subraya que "si bien tengo igual derecho que cualquier otro ciudadano para expresarme y participar en el debate político, derecho que nos ejerzo por la razón arriba apuntada".

"En cuanto a que el movimiento Azconista se ha fraccionado, creo, como lo establece la ley, que los movimientos de este tipo son transitorios, terminan cuando se logra el objetivo de acceder al poder", explica Azcona.

"De ahí en adelante, añade, sus miembros que han en la libertad de seguir otros derroteros o de expresarse en cualquier forma, y eso es la democracia en su sentido dinámico y no inmoviliza".

Luego Azcona le dice al rotativo: "sólo ustedes han podido determinar que hay en el pueblo pérdida de confianza, todo lo contrario, las mayorías no solo son optimistas, sino que apoyan al régimen con firmeza".

El presidente Azcona sostiene que "en este régimen no hay candidatos oficiales, pero hay que reconocer que quienes participan en tal carácter, tienen méritos y no creo que el ejercicio de sus derechos constitucionales y la lucha por sus aspiraciones, que son legítimas, ha pasado a convertirse en "algo jocoso", desnaturalizado y prostituido".

Azcona considera a la situación política que vive la hondureñidad como "una situación democrática" en la cual, al parecer, "algunos críticos todavía no están en la capacidad de asimilar, quizá por la falta de un auténtico ejercicio democrático que hemos vivido en el pasado".

"Este gobierno funciona en el marco teórico y práctico de los principios del Liberalismo y sólo ese motivo supone el respeto a los derechos inalienables que asisten a los ciudadanos para proceder libremente mientras sus actos no perjudiquen a los demás, de modo que coartarle a cualquier hondureño sus aspiraciones políticas, es contrario a esos principios inmanentes de la filosofía liberal", concluye el gobernante.

*La Prensa/*29 de septiembre de 1987

ACTOS CONMEMORATIVOS AL CINCUENTENARIO DE LA CRUZ ROJA HONDUREÑA

Con la presencia del ingeniero José Azcona Hoyo y la primera dama de la nación, doña Miriam de Azcona, se realizaron los actos especiales en conmemoración del cincuentenario de la Cruz Roja Hondureña en el Salón de Cabildos de la Alcaldía Municipal, el 24 de septiembre anterior.

Esa misma fecha, hace medio siglo, doña Enriqueta de Lázarus (QDDG) tuvo a bien fundar esta institución que colabora grandemente en los desastres naturales y otras actividades en pro de los hondureños.

La mesa principal estuvo ocupada por los presidentes de Cruz Roja de Costa Rica y Nicaragua, Miguel Carmona y Gonzalo Ramírez, respectivamente; doña Elizabeth de Lovo, Jorge Fidel Durón, Meneca de Mencía, el alcalde Rodimiro Zelaya, Locha Suárez, Elida de Odeh, y el mandatario José Azcona y doña Miriam de Azcona.

El programa desarrollado contó con las palabras del Alcalde de la comuna capitalina doctor Rodimiro Zelaya Fuentes, don Jorge Fidel Durón, doña Meneca de Mencía y el propio presidente de los hondureños que en uno de sus párrafos manifestó "los esfuerzos y sacrificios de la Cruz Roja no han sido en vano, porque el pueblo siempre ha respondido con simpatía a sus solicitudes".

También estuvieron presentes del cuerpo diplomático acreditado en Honduras, invitados especiales, amigos de Cruz Roja, miembros del gobierno, invitados especiales y los socorristas de San Pedro Sula.

La mesa principal

La concurrencia que calorizó con su presencia el acto especial en el Salón de Cabildos.

Los socorristas de San Pedro Sula que asistieron al acto especial.

Las palabras pronunciadas por el ingeniero José Azcona Hoyo y doña Meneca de Mencía, fueron escuchadas por la concurrencia. Lito Herrera, captó en que se dirigían a los presentes.

*El Heraldo/*29 de septiembre de 1987

INVITAN A AZCONA PARA VISITAR ESPAÑA

El presidente José Azcona Hoyo ha sido invitado por el gobierno español para realizar una gira por ese país ibérico el próximo año, informó el embajador hondureño en Madrid, Humberto López Villamil.

El diplomático transmitió ayer al presidente Azcona la invitación que le fuera formulada por el gobierno que encabeza el primer ministro Felipe González.

López dijo que la invitación será aceptada muy probablemente, porque de esa visita podrían derivarse algunos beneficios para el país, especialmente en el campo de la asistencia económica y técnica.

Sostuvo el embajador que una de las actividades en las cuales Honduras podría recibir cooperación es la industria pesquera, muy incipiente en nuestro país, y la construcción de pequeñas embarcaciones para explotar los 800 kilómetros de costa atlántica hondureña.

López informó que el procedimiento de paz para Centroamérica, suscrito en agosto por los presidentes de la región, ha sido bien recibido en España por considerar que se trata de un esfuerzo propio, sin la intervención de naciones o potencias extranjeras.

Agregó que esa coyuntura podría servir para que Honduras logre una mayor ayuda de parte de la Madre Patria y reveló que una de esas contribuciones podría ser la donación de 20 millones de dólares, recaudados a través de UNICEF, para un programa de apoyo a las madres hondureñas y sus hijos.

El embajador de España recordó que en 1992 se cumplen 500 años del Descubrimiento de América y que los preparativos para celebrar el acontecimiento son intensos en la península y en el continente americano.

La visita del presidente Azcona sería aprovechada para gestionar la erección de un monumento conmemorativo en Trujillo, similar al que se piensa construir en República Dominicana, a cuyas costas llegó el Almirante Cristóbal Colón en 1492.

El Heraldo/29 de septiembre de 1987

LEY PARA IMPULSAR BANCOS DE SANGRE PIDEN A AZCONA

Las autoridades de la Cruz Roja solicitaron recientemente al presidente José Azcona, su contribución a fin de organizar un servicio efectivo de sangre, para ayudar a los hospitales públicos en sus necesidades de ese vital líquido.

Sobre la iniciativa, el titular del Ejecutivo explicó que únicamente se había presentado una petición de tipo legal.

Agregó el gobernante que esa petición "será estudiada y creemos que se les puede dar". Nosotros siempre hemos apoyado en lo que podemos a la Cruz Roja Hondureña y lo seguiremos haciendo.

La señora de Mencía planteó al presidente la necesidad de alcanzar esta meta a fin de dar ayuda en su mayoría a los desposeídos, pero de nuevo, señaló, esto no será posible si el gobierno de la República no nos apoya en nuestra pretensión promulgando una ley que prohíba el comercio con la sangre y que las instituciones se abstengan de contratar a los donantes remunerados.

Tenemos ya dos centros de sangre, uno en Tegucigalpa y otro en San Pedro Sula, los que en forma modesta cubren parte de las necesidades locales, pero, apuntó la funcionaria, el futuro de este proyecto dependen mucho del pueblo, nuestro gobierno y de quienes tienen que velar por la salud de la nación, concluyó.

El Heraldo/29 de septiembre de 1987

Regalado Hernández:
"LA DEFENSA TAMBIÉN INCLUYE VELAR POR LA INVIOLABILIDAD DE LA CONSTITUCIÓN"

- **Azcona llamó a los comandantes de las unidades a no olvidar la conciencia ideológica y democrática de sus soldados.**

La defensa de Honduras no sólo se circunscribe a poner las armas en la contienda bélica, sino también a velar por la inviolabilidad de la Constitución de la República y por el acatamiento a los principios democráticos.

El criterio anterior fue sustentado por el comandante de las Fuerzas Armadas, general Humberto Regalado Hernández, en los actos de celebración del 122 aniversario de la Fuerza Naval de Honduras.

La ceremonia tuvo lugar en la sede de la Fuerza Aérea Hondureña el pasado viernes y contó con la asistencia del presidente José Azcona hoyo, el presidente de la Corte Suprema de Justicia, Salomón Jiménez Castro y miembros de la Junta Directiva del Congreso de la República.

Como invitados especiales concurrieron el jefe de la Fuerza Naval del Comando Sur de los Estados Unidos, Gerald Kneekou, y representantes de una firma de astilleros de la Florida.

El general Regalado Hernández aseguró en su discurso que la fuerza naval ha adquirido en pocos años características propias y rasgos evidentes de desarrollo.

Sostuvo el oficial que quienes dirigen las Fuerzas Armadas están empeñados en conformar un ejército pequeño, bien entrenado y con el equipamiento necesario para hacerle frente a cualquier amenaza.

"Nos mantenemos fieles a nuestras tradiciones históricas y a los valores esenciales de la patria constituyendo un instrumento militar idóneo para los requerimientos de la defensa nacional y el desarrollo democrático del país", añadió.

Sostuvo que el logro de ese objetivo demanda revitalizar los cuadros orgánicos de la institución sobre la base de los principios que se derivan de la ética militar.

Esos principios, según Regalado, son el honor, la lealtad, el sacrificio, la disciplina, la subordinación, el espíritu de cuerpo y el adecuado ejercicio del mando.

"Ello nos permite ser una organización respetada y respetable, eficiente en el cumplimiento del deber, infatigable en el cumple nuestra misión y absolutamente inclaudicable en la devoción a los intereses y derechos del pueblo hondureño", dijo el jefe militar.

Agregó que la defensa del país involucra también la promoción del desarrollo nacional, dentro de los parámetros de la paz, la justicia y la libertad, como expresión invulnerable del más connotado patriotismo.

"Honduras será siempre la meta suprema de nuestros ideales y el objetivo primordial de nuestros mejores esfuerzos. Por ello, el proceso de modernización de las Fuerzas Armadas en general y de la Fuerza Naval en particular seguirá siendo preocupación constante del comandante, porque solo así estaremos en capacidad de afrontar y repeler los riesgos y acechanzas para la seguridad de nuestro pueblo", concluyó.

CONCIENCIA IDEOLÓGICA

Por su parte, el presidente Azcona insistió en la necesidad de que las fuerzas armadas hagan conciencia ideológica y democrática en sus distintas unidades y sostuvo que debe mantenerse un alto grado de tecnificación para responder adecuadamente en caso de cualquier eventualidad.

Azcona dijo que la Fuerza Naval tiene bajo su responsabilidad custodiar 650 kilómetros de costa atlántica y 120 km en el Pacífico.

"Una de las misiones principales de la fuerza naval es impedir el contrabando y tráfico de drogas para lo que se necesita la cooperación internacional", aseguró.

El mandatario añadió que la Fuerza Naval se perfila como una solución a las inquietudes cívicas de la juventud.

El comandante de la Fuerza Naval, capitán de Navío, Carlos Reyes Barahona, señaló que dependencia a su cargo constituye una Fuerza especializada "que encara con decisión y energía la tarea de convertirse en una institución diestra y poderosa, mediante la restructuración y modernización de sus equipos y elementos.

"La Fuerza Naval se caracteriza por la solidez de sus tradiciones navales, por el espíritu de cuerpo y por la intrepidez con que sus elementos se exponen en el mar de los riesgos y peligros", dijo Reyes Barahona.

Indicó que el patrullaje de las aguas territoriales de Honduras es permanente y forma parte de la lucha y prevención contra el narcotráfico, la explotación ilegal de los recursos marinos, la persecución del contrabando y las amenazas de la subversión.

Reyes Barahona anunció que en los próximos días la Fuerza Naval recibirá una lancha de desembarco de 150 pies de eslora, la cual está siendo construida en astilleros de la Florida.

El comandante de la Fuerza Naval, Capitán de Navío Carlos Reyes Barahona, entrega al presidente José Azcona Hoyo un recuerdo conmemorativo del 122 aniversario de fundación de esa rama de las Fuerzas Armadas. (Foto Rolando Mondragón)

El general Humberto Regalado Hernández reiteró nuevamente la disposición de las Fuerzas Armadas de garantizar la inviolabilidad de la Constitución de la República. (Foto Rolando Mondragón)

El presidente José Azcona Hoyo, el Comandante en Jefe de las Fuerzas Armadas, general Humberto Regalado Hernández, y la Plana Mayor de la Fuerza Naval brindan en honor a los 122 años de fundación de esa rama del Instituto Castrense. (Foto Rolando Mondragón)

*El Heraldo/*28 de septiembre de 1987

ASÍ SE REPARTEN LAS BECAS EN MINISTERIO DE EDUCACIÓN

Muchos jóvenes hondureños no logran convertirse en profesionales por no tener recursos económicos suficientes y algunos, aunque han buscado la ayuda del gobierno mediante el sistema de becas, tampoco lo han logrado porque estas se reparten políticamente. La propia ministra de Educación, Elisa Valle de Martínez Pavetti en esta nota enviada al jefe de la bancada del Partido Nacional, Mario Rivera López, demuestra que son los diputados los que tienen el "sartén por el mango" en la distribución de las becas.

De acuerdo a los requisitos para que un estudiante pueda tener opción a una beca del Estado basta tener un buen índice académico, pero ello no es así, estas se otorgan a los recomendados de los políticos. En esta nota enviada el 10 de septiembre (Día del Niño), la ministra le hace saber a Rivera López que les indique a los demás diputados que para no tener problemas con sus recomendados debe hacerse hincapié que el porcentaje académico debe ser de 70 por ciento.

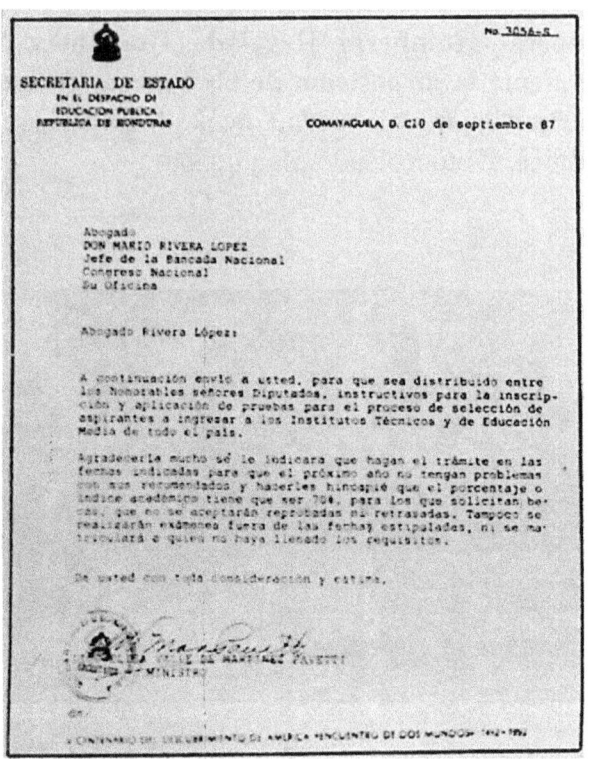

El Heraldo/28 de septiembre de 1987

BARAHONA: NAVAL ES DEFENSORA DE "LOS MARES DE LA PATRIA"

TEGUCIGALPA. – El ciudadano presidente constitucional de la República, ingeniero José Azcona Hoyo, y el comandante en jefe de las Fuerzas Armadas, general de división Humberto Regalado Hernández, acompañaron al Capitán de navío Carlos Obdulio Reyes Barahona en la celebración del 122 aniversario de existencia de la Fuerza Naval.

Los actos se llevaron a cabo la noche del viernes anterior en la sede de la Fuerza Aérea Hondureña (FAH), con la presencia de las diversas ramas que integran las Fuerzas Armadas y otros altos oficiales castrenses.

El comandante de la naval, capitán de navío Carlos Obdulio Reyes Barahona, definió el arma que estaba de plácemes como "defensora de la soberanía de los mares de la patria".

Por su lado, el comandante en jefe de las Fuerzas Armadas, general Humberto Regalado, destacó la gran capacidad operacional de la Fuerza Naval en su rol que las Fuerzas Armadas le señala la Constitución "la sagrada misión de defender la soberanía marítima, y salvaguardar los intereses supremos de la nación hondureña".

Reyes Barahona dijo también que la Fuerza Naval se caracteriza por la solidez de sus tradiciones navales, por el espíritu de cuerpo, por la intrepidez con que sus elementos se exponen en el mar de los riesgos y peligros, y por la camaradería que es un más noble distintivo.

El general Regalado Hernández apuntó, entretanto, que la Fuerza Naval ha adquirido características propias y rasgos evidentes de desarrollo, que hacen avizorar un buen futuro, no sólo en lo que se refiere a alcanzar los más altos niveles de profesionalismo, sino también en cuanto se relaciona a su capacidad operacional, para cumplir con la misión de defender la soberanía.

Concluyó diciendo el comandante en jefe que la modernización de las Fuerzas Armadas en general y de la Fuerza Naval en particular seguirá siendo preocupación permanente, porque sólo así estaremos en capacidad de afrontar y repeler los riesgos y asechanzas para la seguridad de nuestro pueblo.

*Tiempo/*28 de septiembre de 1987

Roberto Ramón Castillo:
CUANDO AZCONA ERA DIPUTADO TAMBIÉN HUBO CONDONACIÓN

El vicepresidente del Congreso Nacional, Roberto Ramón Castillo Callejas, declaró ayer que no retirará el proyecto de ley que presentó, el cual busca condonar multas, recargos e intereses a la morosidad del pago del Impuesto Sobre la Renta y Bienes Inmuebles.

"En el Congreso se debe descubrir este proyecto de ley -dijo el parlamentario nacionalista- porque la Cámara Legislativa es para deliberar, si el proyecto de ley ha sido criticado no significa que por ello lo voy a retirar".

Expresó que no cree que porque este proyecto de ley esté siendo considerado antipopular, pues el Estado dejaría de captar millones de lempiras y se premiaría con la condonación a quienes no han cancelado sus impuestos, se vaya a perjudicar la imagen del ex-candidato presidencial nacionalista, Rafael Leonardo Callejas.

"No creo que eso suceda porque yo soy una persona y é otra", manifestó el parlamentario nacionalista.

ANTES SE HIZO

Expuso que le resulta increíble que el proyecto de ley que él presentó haya sido tan cuestionado, "cuando en 1982 el presidente de la república José Azcona era diputado, el Congreso Nacional aprobó lo mismo en esa oportunidad, realmente no creo que lo que fue bueno anteriormente ahora sea malo".

Sin embargo, una fuente confiable dijo a EL HERALDO que lo que aprobó el Congreso Nacional en 1982 fue una prórroga del pago del Impuesto Sobre la Renta, por la crisis económica que afronta el país en aquel momento.

Castillo cuestionó las críticas formuladas contra su persona por presentar este proyecto de ley, y afirmó que "lo más honrado es hacerlas cuando la persona está en el país, pero lo hicieron aprovechando que estaba fuera de Honduras. Esto es muy típico entre los hondureños".

*El Heraldo/*29 de septiembre de 1987

LA FUERZA NAVAL, UN ORGULLO PARA NUESTRA HONDURAS: AZCONA

TEGUCIGALPA. – El presidente José Azcona Hoyo elogió, durante la celebración del 122 aniversario de la Fuerza Naval de Honduras, la lucha que esta rama militar desarrolla en aguas nacionales contra el tráfico de drogas y el contrabando.

El mandatario manifestó lo anterior en su discurso en el acto especial realizado en el Club de Oficiales de la Fuerza Aérea Hondureña el viernes anterior por la noche y al cual se hicieron presentes, además el jefe de las Fuerzas Armadas, general Humberto Regalado Hernández y otras personalidades.

"En este nuevo aniversario de la Fuerza Naval es meritorio reconocer la capacidad de sus elementos para defender nuestra patria", dijo Azcona Hoyo.

Aseveró que esa entidad militar ha alcanzado un gran nivel de desarrollo por la utilización de equipamiento moderno, tecnológicamente avanzado, y por el personal de que está constituida.

"Es evidente que esta rama militar ha crecido y se ha desarrollado tanto en la práctica como académicamente, por lo cual es una entidad de orgullo para nuestra Honduras", dijo.

El gobernante hondureño al finalizar su discurso, hizo un llamado a la juventud hondureña para que se decida formar parte de la Fuerza Naval.

Regalado Hernández, mientras tanto, señaló que la Naval "en su nueva concepción, en pocos años ha adquirido características propias y rasgos evidentes de desarrollo que hacen avizorar un buen futuro".

El militar que fue comandante de Fuerza Naval, dijo que "estamos empeñados en la conformación de un instituto armado pequeño, bien entrenado y con su equipamiento necesario para hacerle frente a la amenaza".

"La defensa de Honduras compete primordialmente a las Fuerzas Armadas", añadió Regalado Hernández y subrayó que "esa defensa no sólo se circunscribe a empuñar las armas en la contienda bélica, sino a velar por la inviolabilidad de la Constitución de la República y el acatamiento de los principios democráticos".

El comandante de la Naval, coronel Carlos Reyes Barahona, recordó por su parte que, debido a su antigüedad, "la historia de la Fuerza Naval está ligada a la vida misma de Honduras".

Destacó la oficial "el permanente patrullaje de las aguas territoriales de Honduras como parte de la lucha y prevención contra el narcotráfico, la explotación ilegal de los recursos marinos, la persecución del contrabando".

Durante los actos fueron entregadas placas de reconocimiento al personal de la institución militar, incluyendo el área administrativa y algunos presentes como recuerdo de la celebración, entre otros a Azcona Hoyo y a Regalado Hernández.

Al evento asistieron diputados, magistrados de la Corte Suprema de Justicia, candidatos presidenciales, los comandantes de las ramas de las Fuerzas Armadas y militares hondureños y extranjeros.

La Fuerza Naval fue creada oficialmente en 1865, durante el gobierno del general José María Medina, el contemplar la Constitución de ese año que "la fuerza pública se compone de la milicia nacional y el ejército de tierra y mar".

El presidente Azcona y sus, doña Miriam, junto al jefe de la FF.AA, general Regalado Hernández, el comandante de la Fuerza Naval y el ministro de Defensa, coroneles Reyes Barahona y Cardona Macías, presidieron la celebración del 122 aniversario de la Fuerza Naval de Honduras. (Foto de Aulberto Salinas).

El general Regalado Hernández también se hizo acreedor de un regalo Durante los actos del aniversario de la Fuerza Naval. (Foto de Aulberto Salinas).

*La Prensa/*28 de septiembre de 1987

¿PARA QUÉ ESTÁN LOS VOCEROS DE AZCONA?

TEGUCIGALPA. – El presidente José Azcona Hoyo difícilmente podrá proyectar la buena imagen de su gobierno, si el secretario de Prensa, Lisandro Quesada, y el jefe de la Oficina de Información de la Casa Presidencial, Marco Tulio Romero, son los menos preocupados en facilitar a los diferentes medios de comunicación social la información de las obras y actividades del gobierno.

El presidente Azcona se ha lamentado en varias oportunidades de que su gobierno es criticado en el sentido de que no está haciendo nada, pero que esa situación se debe la falta de publicidad de las obras que se ejecutan en todo el país.

Sin embargo, los voceros del gobierno parece que son los menos informados de las acciones que emprende el gobierno, porque cuando son consultados por los periodistas, dicen que no saben nada.

Además, en las giras que hace el presidente Azcona por las diferentes partes del país, para inaugurar la iniciación o terminación de obras, los voceros del gobierno brillan por su ausencia, confiados de que los periodistas de los diferentes medios de comunicación andan cubriendo la información.

Se supone que la secretaría de prensa debe ser la más interesada en hacer trascender las actividades del gobierno, y estar presta a facilitar la información a los medios de comunicación que la soliciten.

En el caso de los discursos del presidente Azcona, los periodistas de la prensa escrita tienen que andar rogando a los voceros del gobierno para que den copias de los mismos.

El sábado, por ejemplo, la secretaría de Prensa no tenía copia del discurso que el presidente Azcona pronunció el viernes en la noche en la Fuerza Aérea hondureña, con motivo de la celebración del 122 aniversario de existencia de la Fuerza Naval de Honduras.

Marco Tulio Romero, que fue llamado por teléfono a su casa, dijo que él no sabía nada del discurso y que tal vez lo tenía la Radio Nacional de Honduras, pero aquí tampoco lo tenían.

Llamado nuevamente a su casa para que dijera la forma de conseguirlo, Romero expresó que tenía enfermo un familiar y que no podía hacer nada al respecto, pero que tal vez Lisandro Quesada podía hacer algo; sin embargo, éste manifestó que el edecán del presidente Azcona tenía instrucciones de mandarlo a los periódicos.

*Tiempo/*28 de septiembre de 1987

AZCONA ENTREGARÁ TÍTULO DE MUNICIPIO A TAULABÉ

El decreto de creación del nuevo municipio de Taulabé en Comayagua, será entregado por el presidente José Azcona el próximo mes de octubre en una ceremonia especial informó el ministro de Gobernación y Justicia, Romualdo Bueso Peñalba.

Agregó que la Corporación Municipal quedará integrada de acuerdo a los resultados de las elecciones de 1985 y su jurisdicción abarcará 25 aldeas y 13 caseríos.

Honduras está conformada por 289 municipios con la creación de Taulabé, y durante la administración del presidente Azcona se han creado 6 municipios que son Las Lajas, Taulabé, Bonito Oriental, Vallecillos, Las Trojes y Las Vegas.

Bueso Peñalba indicó que con estos nuevos municipios ayudaron al desarrollo de las comunidades ya que permiten un mejor desenvolvimiento de sus autoridades y además un mayor control en el pago de los impuestos.

*La Tribuna/*28 de septiembre de 1987

ESTAMOS EMPEÑADOS EN CONFORMACIÓN DE UN INSTITUTO ARMADO PEQUEÑO: REGALADO

TEGUCIGALPA. – "Estamos empeñados en la conformación de un instituto armado pequeño, bien entrenado y con su equipamiento necesario", expresó el jefe de las Fuerzas Armadas, general Humberto Regalado Hernández, durante la ceremonia de celebración del 122avo aniversario de la Fuerza Naval.

La ceremonia tuvo lugar en la sede de la Fuerza Aérea Hondureña (FAH) la noche del viernes anterior, con la asistencia del presidente José Azcona, el comandante de la naval, capitán de navío Carlos Obdulio Reyes Barahona, comandante de las diversas ramas de las Fuerzas Armadas y otros altos oficiales.

En su discurso, el general Regalado Hernández elogió la Fuerza Naval indicando que ha adquirido rasgos de evidente desarrollo que hacen avizorar un buen futuro, no sólo en lo que se refiere a alcanzar los más altos niveles de profesionalismo, sino también en cuanto se relaciona a su capacidad operacional.

Señaló que la Naval evoluciona y asciende al nivel de las demás ramas integrantes de las Fuerzas Armadas y agregó que la alta oficialidad "estamos empeñados en la conformación de un instituto armado pequeño, bien entrenado y con su equipamiento necesario para hacerle frente a la amenaza".

"Para lograr tan elevado objetivo, es imprescindible revitalizar los cuadros orgánicos de la institución, sobre la base de los principios que derivan de la ética", añadió el más alto jefe militar hondureño.

"Se dice y es verdad -agregó-, que la defensa de Honduras es deber elemental e imperativo constitucional que completa las Fuerzas Armadas. Pero, por nuestra parte, también entendemos que esa defensa no solo se circunscribe a empuñar las armas en la contienda bélica, sino velar por la inviolabilidad de la Constitución, por el acatamiento de los principios democráticos, por la promoción del desarrollo nacional, dentro de los parámetros de la paz, la justicia y la libertad".

Enfatizó que "la modernización de las Fuerzas Armadas en general y de la Naval en particular seguirá siendo preocupación constante del comandante jefe porque sólo así, estaremos en capacidad de afrontar y repeler los riesgos y asechanzas para la seguridad de nuestro pueblo".

Reyes Barahona, por su lado, explicó que se celebra el 122 aniversario porque fue en 1985 que se incluyó la existencia de la Naval en la Constitución Política, aunque en realidad esa rama militar es de reciente creación.

Pero dijo que "122 años de existencia, son una larga trayectoria de servicio, cuya estela luminosa, a veces interrumpida por agitada y turbulenta vida política del país, se ha extendido en la inmensidad del océano".

Mencionó "buques insignes" como "El Honduras", "El General Cabañas", "Tatumbla", "que en los días iniciales de la marina hondureña, enarbolaron la gloriosa bandera azul y blanco de nuestra más pura nacionalidad". (N).

El general Regalado dijo que es deber Constitucional de las Fuerzas "la promoción del desarrollo nacional, dentro de los parámetros de paz, justicia y libertad".

Capitán de navío Carlos Obdulio Reyes Barahona.

Reyes Barahona entrega al presidente un cuadro con todas las insignias de la Fuerza Naval.

*Tiempo/*28 de septiembre de 1987

Azcona Hoyo:
"MAYORÍAS APOYAN AL RÉGIMEN CON FIRMEZA"

- ***En el gobierno no hay candidatos oficiales***

Tegucigalpa, D. C.,
28 de septiembre de 1987

Lic. Francisco Morales C.
Director Diario EL HERALDO
C i u d a d

Estimado Señor Director:

Con relación al editorial que publicó Diario EL HERALDO el 25 de septiembre recién pasado, bajo el título SE PERDIÓ EL PRINCIPIO DE AUTORIDAD, lamento profundamente la forma poco usual en ese periódico que utiliza el editorialista al enfocar la situación política que vivimos los hondureños, que no puede ser calificada sino como una situación democrática que al parecer algunos críticos todavía no están en capacidad de asimilar, quizá por falta de un auténtico ejercicio democrático que hemos padecido en el pasado.

Pero quiero puntualizar. Cuando el editorial afirma que hay pérdida de autoridad, está equivocado, porque cuando eso ocurre sobreviene por inercia a la anarquía y en un país anarquizado no es posible la existencia de los factores que forman la República, cómo las libertades generales, la tranquilidad pública, la seguridad de las personas y de los bienes, y lo que es básico, el funcionamiento ordenado y legítimo de los poderes públicos.

Pero este gobierno, eso sí, funciona en el marco teórico y práctico de los principios del liberalismo y ese solo motivo supone el respeto a los derechos inalienables que asisten a ciudadanos para proceder libremente mientras sus actos no perjudiquen a los demás. De modo que coartarle a un hondureño cualquiera sus aspiraciones políticas, es contrario a esos principios inmanentes de la filosofía liberal.

Niego que yo he estado hablando a mis amigos para instarlos a que "abandonen determinas corrientes internas y se unan en apoyo masivo al licenciado Carlos Orbin Montoya". Mi posición es de neutralidad en luchas internas del Partido Liberal y absoluto respeto a las demás organizaciones sociales y políticas, como mecanismo para garantizar la libre participación de todos en la vida política del país, aunque, si bien, tengo igual derecho que cualquier otro ciudadano para expresarme y participar en el debate político, derecho que no ejerzo por la razón arriba consignada.

En este régimen no hay candidatos oficiales, lo afirmo categóricamente, pero hay que reconocer que quienes participan en tal carácter, tienen méritos y no creo que el ejercicio de sus derechos constitucionales y la lucha por sus aspiraciones, no son legítimas, ha pasado a "convertirse en algo jocoso, desnaturalizado, prostituido", como lo asevera el desafortunado editorial.

Con respecto a los funcionarios públicos que militan en la política, tan pronto como lancen formalmente sus candidaturas, aceptaré sus renuncias.

En cuanto a que el Movimiento Azconista se ha fraccionado, creo, como lo establece la ley, los movimientos de este tipo son transitorio, terminan cuando se logra el objetivo de acceder al poder.

De ahí en adelante sus miembros quedan en libertad de seguir otros derroteros o de expresarse en cualquier forma, y eso es la democracia en su sentido dinámico y no inmovilista.

Sólo ustedes han podido determinar que hay en el pueblo pérdida de confianza, todo lo contrario, las mayorías no sólo son optimistas, sino que apoyan al régimen con firmeza. Esto lo afirmo por estar en permanente contacto con el pueblo.

Por lo demás, cuándo defendí al Instituto Nacional Agrario y expresé que pidieran mi cabeza y no la renuncia de su Director Ejecutivo, María Espinal, quise enfatizar mis facultades constitucionales para remover y nombrar funcionarios, facultad que no ejerceré bajo presión.

Infundado es además calificar de "inoperante" al mencionado Director Ejecutivo y al contrario puedo afirmar que es superior por su capacidad, por su trabajo y por su honestidad, a muchos de los directores que han pasado por esa institución. Por eso considero ofensivo, grosero y poco humano tildar lo como "cadáver insepulto", una expresión ajena a lenguaje limpio y ponderado con que habitualmente ese periódico avenido enfocando el acontecer nacional.

Con mi más alta consideración y aprecio, atentamente,

JOSÉ AZCONA H.

Presidente.

*El Heraldo/*29 de septiembre de 1987

VICEPRESIDENTE DE EASTERN VISITÓ A AZCONA

El vice presidente de Eastern Airlines, señor Raúl Del Solar, estuvo recientemente en Honduras para agradecer al presidente José Azcona la hospitalidad que se le brinda a la principal línea aérea de los Estados Unidos.

Del Solar conversó con el mandatario la tarde del 10 de septiembre anterior.

"Nuestra visita ha sido para agradecer --dijo el personero de la Eastern Airlines-- la hospitalidad que se nos está brindando ante la propuesta nuestra de operar entre Estados Unidos y Honduras a partir del primero de octubre".

Dijo que Eastern Airlines, se propone hacer un vuelo diario desde Miami a Tegucigalpa - El Salvador, retornando a Miami todos los días.

El señor Del Solar al señalar que sería interesantísimo que en un futuro cercano Eastern Airlines pudiera volar a Islas de la Bahía, dijo que ha tenido conversaciones en ese sentido con el Ministerio y vice ministro de Cultura y Turismo, doctor Arturo Rendón Pineda y Jaime Turcios, respectivamente.

Empero, del solar recalcó qué inicialmente Eastern volará a Tegucigalpa y San Pedro Sula.

"Más adelante -índico- es posible que así sea, me llama la atención".

Dijo que en la actualidad están cumpliendo con los requisitos legales para operar y que esperan contar con él antes del primero de octubre.

Al informar que Eastern hizo ya sus vuelos de prueba a Tegucigalpa con aviones 727-200, ese aeropuerto "ofrece todo tipo de seguridad, estamos seguros que va hacer una operación satisfactoria".

El Vice Presidente de Eastern don Raúl Del Solar, saluda al Señor Presidente de la República Ing. José Azcona Hoyo, durante la visita de personeros de Eastern a Tegucigalpa.

*El Heraldo/*29 de septiembre de 1987

NUEVA PRÓRROGA:15 DÍAS MÁS PARA MATRICULAR VEHÍCULOS

TEGUCIGALPA. – El presidente de la república José Simón Azcona instruyó a la directora general de Tributación Directa, licenciada Elsie Alanis de Pineda, para prorrogar la matrícula de vehículos, hasta el próximo 15 de octubre, en lo que representa otro periodo de gracia para que los dueños de carros cumplan con tal requisito.

El plazo que contempla la ley para esa actividad va de junio al mes de agosto, pero este año el ejecutivo a excitativa del Congreso Nacional lo extendió durante septiembre, por lo que la matrícula debería finalizar hoy, pero se extenderá otros quince días, disposición que deberá ser tramitada en el poder ejecutivo.

Se ratificó que son los dueños de vehículos de transporte colectivo y de carga quienes han incumplido en su mayoría parte de la matrícula de sus respectivas unidades, a pesar de que contrario a los propietarios de autos particulares, solo pagan el 45 por ciento de los impuestos respectivos.

Dirección General de Tributación deberá readecuar sus actividades, teniendo en cuenta que la mayoría de su personal ha sido desplazado a distintas regiones del país, no pudiendo ser reconcentrado hasta después del 15 de octubre, lo que también supone la erogación de una considerable cantidad de dinero en los empleados de esa dependencia, controlar el pago de 38 diferentes impuestos y es indudable que en el mes y medio en que se ha prorrogado la matrícula, se presentarán distorsiones e incumplimientos que luego se corregirán sobre la marcha.

Elsie Alanis de Pineda, reiteró que los tres meses transcurridos ha sido tiempo suficiente para cumplir con este requisito, pero lamentablemente las primeras semanas transcurrieron sin que se presentaran interesados en matricular sus unidades, pero a medida que ya se acaba la fecha de conclusión las distintas oficinas aparecen prácticamente invadidas por personas que exigen ser atendidas en forma inmediata.

La funcionaria repitió que quizás el trámite ha resultado este año más engorroso, pero eso se explica por el estricto control qué se lleva para que los contribuyentes con una serie de tretas evadan el pago de impuesto declarando menos cilindraje al que verdaderamente tiene sus autos, para lo cual se exige su presentación, contrario a lo que ocurría en el pasado.

Pero el mayor problema se encuentra en la matrícula de vehículos eventuales, muchos de ellos incluso introducidos ilegalmente al país, ya que esta actividad se ha intensificado durante los últimos meses.

Como de costumbre, hasta que el plazo está a punto de expirar muchos dueños de vehículos automotores se deciden a matricularlos. La nueva prórroga solvento la situación. (Foto Ramos).

*La Prensa/*30 de septiembre de 1987

EMBAJADOR ITINERANTE DE EE UU SE REÚNE CON AZCONA

TEGUCIGALPA. – (Por Faustino Ordóñez Baca). – Por tercera vez en menos de dos meses, el presidente José Azcona hoyo, se reunió ayer con el embajador itinerante de los Estados Unidos en Centroamérica, Morris Bosby, sin trascender los resultados del encuentro.

En la cita participó el jefe de Fuerzas Armadas, general Humberto Regalado Hernández, quien al igual que el funcionario norteamericano, se negó hablar para LA PRENSA.

Pero el portavoz de la Embajada Americana, Charles Barclay, dijo a los reporteros de este rotativo que el gobierno de Ronald Reagan está preocupado y duda de la sinceridad de los sandinistas en cumplir con los compromisos rubricados en Guatemala pese a que ha dado algunos pasos positivos.

Informó el vocero que Morris Bosby, quién sustituyó a Philip Habib, después que éste renunció tras la firma de los acuerdos en Guatemala, realiza una gira por "las democracias centroamericanas".

La cita con Azcona y el jefe de las Fuerzas Armadas, se efectuó a las tres de la tarde y duró más de una hora y al final los visitantes, incluyendo el alto militar hondureño, salieron por la puerta trasera de la Casa de Gobierno.

Ayer mismo el enviado del presidente Reagan alzó vuelo rumbo a San Salvador donde, se entrevistará con el gobernante de aquel país, José Napoleón Duarte y los jerarcas de las Fuerzas Armadas "cuscatlecas".

Posteriormente visitará al mandatario costarricense Óscar Arias Sánchez y luego se entrevistará con Vinicio Cerezo, titular ejecutivo de Guatemala para enseguida regresar a Washington a informar a Reagan sobre los resultados de su gira.

La última vez que vino a Honduras el embajador Bosby, fue precisamente hace dos semanas, fecha recordada por los periodistas de la Casa de Gobierno cuando fueron atropellados por un guardaespaldas del embajador en Everett Briggs, acreditado en Honduras.

CON FUNCIONARIO PARA REFUGIADOS

El presidente José Azcona Hoyo, el jefe de las Fuerzas Armadas, general Humberto Regalado Hernández, se entrevistaron ayer con Robert Gersony, oficial regional del Departamento de Estado para Asuntos de Refugiados.

El funcionario norteamericano, llegó acompañado del encargado de negocios de la Embajada Americana Jonh Penfald, se encuentra en el país para conocer la situación de los refugiados.

Al final de la cita ninguno de los participantes quiso brindar detalles, pero el vocero de la embajada, Michael O'brian, informó que el objetivo es informar y reportar al Departamento de Estado la problemática de los refugiados y el proceso de repatriación que se experimenta.

En Honduras existen alrededor de 50 mil refugiados inscritos, originarios de El Salvador, nicaragua y Guatemala, pero existe otra gran mayoría que no recibe la protección del Alto Comisionado de las Naciones Unidas (ACNUR).

Morris Bosby volvió a reunirse con el presidente Azcona, ayer.

La Prensa/1 de octubre de 1987

120

CONGRESO CONOCIÓ DERROCHE MILLONARIO DEL PRESIDENTE ROBERTO SUAZO CÓRDOVA

TEGUCIGALPA. – Las modificaciones al presupuesto originalmente autorizado para 1985 por el Poder Legislativo, efectuadas al amparo del acuerdo 415 del seis de abril de 1982 están en contraposición a la Ley Orgánica del Presupuesto, ya que el artículo 61 de la misma establece que sólo podrán autorizarse en casos especiales.

Lo anterior forma parte de una de las conclusiones estampadas en el informe elaborado por la Contraloría General de la República, en torno al manejo de 25 millones de lempiras durante los meses de noviembre y diciembre de 1985, cuando finalizaba el mandato del doctor Roberto Suazo Córdova.

El extenso informe fue leído ante la Cámara Legislativa por el secretario del Congreso, licenciado Óscar Armando Melara, pero contrario a lo que se pensaba no causó el impacto que se esperaba entre los congresistas, muchos de los cuales platicaban animadamente entre sí sobre otros temas. El presidente en funciones, abogado Orlando Gómez Cisneros informaba que al final de la sesión del informe será analizado por una comisión nombrada al efecto que sugerirá lo procedente.

La comisión objeta las transferencias hechas, las cuales deben ser autorizadas por el Congreso o por el Poder Ejecutivo mediante decreto conocido en consejo de ministros, pero cuando esa medida es adoptada por el segundo poder, debe comunicar al primero y tales requisitos no fueron cumplidos.

De acuerdo con las pesquisas los aumentos al presupuesto ordenados para financiar los gastos de funcionamiento de la presidencia de la república, fueron tomados de los ingresos corrientes, estimados por impuestos y cargos por importaciones marítimas y exportaciones de café.

En ese caso según los investigadores se ignoró el contenido del artículo 67 de la Ley Orgánica de Presupuesto. También se indica que en las dependencias respectivas no se encontraron en la mayoría de los casos órdenes de pago que tuvieron relación con los restantes documentos revisados.

Se ha colegido del total de gastos operados durante los dos meses citados, más de dos millones 298 mil lempiras, que corresponden al 60.8 por ciento del total responde a cheques emitidos a nombre del jefe de Estado Mayor Presidencial, coronel Juan Ramón Peña Paz, pero hacen un total de más de 4 millones de lempiras por concepto de viáticos, la realización de misiones confidenciales, gratificaciones a varios miembros de ese cuerpo armado sin detallar.

El informe indica que durante los dos meses referidos se cometieron varios excesos que es necesario investigar más a fondo.

La comisión ha recomendado al Poder Ejecutivo que derogue el acuerdo 415 y que al mismo tiempo haga cumplir la Ley Orgánica de Presupuesto y las disposiciones generales del presupuesto vigente.

Entre la lista de personas y funcionarios favorecidos con la entrega de cantidades de dinero se hallan en el doctor Edgardo Paz Barnica, ex ministro de Relaciones Exteriores, se esposa y otros familiares que en conjunto recibieron 49 mil lempiras, para enfrentar gastos considerados urgentes, según el documento leído en la cámara.

Sigue Rodolfo Matamoros, también funcionario durante el pasado gobierno con 15 mil lempiras; Vilma Malta de Gutiérrez 10 mil lempiras; César Augusto Maradiaga, 12 mil lempiras; Roberto Micheleti 4 mil lempiras; Jonathan Roussell Toledo, 20 mil 800 lempiras; Antonio Mazariegos Velasco 10 mil lempiras; Antonio Blanco Moreno, 5 mil lempiras y la lista sigue con personas allegadas al expresidente.

Pero durante esos dos meses el Poder Ejecutivo entregó subsidios a patronatos, municipalidades e institutos de segunda enseñanza que ascendieron a un millón 918 mil lempiras, mientras el retiro de la tesorería General de la República se hizo mediante orden de pago y recibo firmado por el ex-administrador de Casa Presidencial, detallando la cantidad correspondiente a cada institución beneficiada.

En todo caso los miembros de la comisión comprobaron que los fondos fueron recibidos por las personas respectivas, mientras en el caso de ese tipo de ayuda casi siempre corresponden a municipalidades, patronatos institutos de segunda enseñanza del departamento de La Paz.

Las indagaciones concluyeron que durante esos dos meses la Tesorería General de la república emitió cheques por un valor de ocho millones 298 mil lempiras.

La investigación fue conducida por Guillermo Suazo Villatoro, Isidro Villalta y Miguel Ángel Contreras, el primero jefe del departamento de Auditoría de Establecimientos Comerciales e Instituciones Autónomas.

Una disposición en este sentido fue adoptada por el Congreso Nacional el 25 de marzo de 1987, procediendo a la investigación del manejo de más de 25 millones de lempiras en dos meses, para establecer si previamente fueron presupuestados y aprobados por ese poder del estado.

Las dependencias investigadas fueron Casa Presidencial, en donde no se encontraron documentos sobre el manejo de fondos en la pasada administración, según lo consta el ministro de la presidencia, Céleo Arias Moncada.

La Dirección General de Presupuesto, revisándose la ejecución de los fondos así como las modificaciones del presupuesto original aprobado por el Congreso Nacional; análisis de egresos por renglones, programa y objetos del gasto y acuerdo del Poder Ejecutivo, ampliaciones y traspasos entre asignaciones.

Se comprobó que durante noviembre y diciembre de 1985 se realizaron transferencias a las asignaciones presupuestarias que aumentaron su disponibilidad, detectándose transferencias de más por el orden de tres millones 992 mil 700 lempiras y transferencias en menos por 103 mil 695 lempiras.

Es de hacer notar que el presupuesto autorizado para el Poder Ejecutivo en 1985 ascendía a cinco millones 343 mil 500 lempiras, pero en los dos meses referidos fue aumentado con otros seis millones 920 mil lempiras.

De esa cifra cuatro millones 500 mil lempiras fueron utilizados para el funcionamiento de la Guardia de Honor Presidencial que corresponde al 65 por ciento de la ampliación citada.

Durante ese mismo tiempo hubo egresos por la cantidad de 10 millones 724 mil 428 lempiras con 10 centavos, mas la llamada cifra de cierre que ascendió a dos millones 602 mil 688 lempiras con 65 centavos.

Ahora hay expectación para conocer el destino que correrá la investigación ordenada por el Congreso, si se utilizará para fustigar políticamente al doctor Suazo Córdova, si este adoptó las medidas legales correspondientes para efectuar los desembolsos o si se continuará, como se dice en el argot popular "hasta las últimas consecuencias".

Rubén Zepeda, procurador general de la República.

Roberto Suazo Córdova, expresidente de la República.

La Prensa

DE NUEVO BUSBY EN PLÁTICAS SECRETAS CON AZCONA HOYO

TEGUCIGALPA. – El enviado especial de los Estados Unidos para Centroamérica, Morris Busby, se reunió ayer con el presidente Azcona hoyo y el jefe de las Fuerzas Armadas, general Humberto Regalado Hernández, sin que trascendiera lo tratado.

En la reunión, que duró una hora, participaron también otros funcionarios norteamericanos, cuyos nombres y cargos que ocupan se desconocen.

Morris Busby entró y salió por la puerta de atrás de la Casa Presidencial para evitar dar declaraciones a los periodistas de los diferentes medios de información del país, lo mismo hizo el general Regalado Hernández.

Extraoficialmente se informó que en la reunión tratarían el avance del acuerdo de paz de Guatemala y la decisión de la administración Reagan de continuar presionando al gobierno sandinista para que dialogue con los contrarrevolucionarios nicaragüenses. (TDG).

Tiempo/1 de octubre de 1987

REAPERTURA DE "LA PRENSA" PROVOCA ALEGRÍA A AZCONA

TEGUCIGALPA. – El presidente José Azcona Hoyo expresó ayer su alegría por la reaparición, sin censura, de Diario La Prensa de Nicaragua, hecho que califica como un "paso positivo" del gobierno nicaragüense en cumplimiento del acuerdo de paz de Guatemala.

Azcona envió un mensaje de felicitación a la presidenta del Diario La Prensa, Violeta Barrios de Chamorro, en cual transcribimos a continuación:

Señora Violeta Barrios de Chamorro:
Presidenta del Diario "La Prensa"
Nicaragua

En nuestro país se ha recibido con optimismo y alegría la reaparición, sin censura, de Diario "La Prensa", el importante abanderado de las libertades y los derechos ciudadanos del hermano país de Nicaragua.

Este hecho que considero de buena fe, es un paso positivo para adelantar el acuerdo suscrito por los cinco presidentes centroamericanos en agosto recién pasado, con el objeto de pacificar y democratizar el área mediante los procedimientos políticos del diálogo y la comprensión.

Nosotros los hondureños entendemos qué la libertad de expresión irrestricta, es un mecanismo que permite participar a las comunidades en el proceso económico y social que estamos desarrollando en nuestra región, así como fortalecer los modos de vida y de gobierno que se basan en la justicia, el derecho, la libertad y la tranquilidad pública.

Deseamos expresarle a usted y a todo el hermano pueblo nicaragüense, nuestra particular alegría por este suceso y nuestra fe en que los centroamericanos hallaremos una solución política a nuestros conflictos regionales.

Con mis atentos saludos,
JOSÉ S. AZCONA, Presidente.

Tiempo/1 de octubre de 1987

OTROS 400 MILLONES EN BONOS PIDE EL EJECUTIVO

TEGUCIGALPA. – El gobierno de José Azcona solicitó la aprobación de un nuevo paquete de bonos por 400 millones de lempiras para liquidar el ejército fiscal de 1987.

La petición fue conocida la noche del martes en el Congreso Nacional que la pasó a una comisión de dictamen para su análisis.

De acuerdo al proyecto, se emitirán tres clases de bonos que serán colocados entre el público, agencias aseguradoras y organismos de prevención social.

El congreso ha aprobado en los últimos días varios paquetes de bonos al régimen de José Azcona.

Tiempo/1 de octubre de 1987

Por tercera vez en un mes:
EMBAJADOR ITINERANTE DE EUA REUNIDO CON PRESIDENTE AZCONA

El embajador itinerante del gobierno de Estados Unidos para América Central, Morris Busby, se entrevistó ayer, por tercera vez en menos de un mes, con el presidente José Azcona Hoyo.

En la cita participaron además el comandante de las Fuerzas Armadas, general Humberto Regalado Hernández, y el embajador de los Estados Unidos, Everett Briggs.

Como ocurrió en las dos ocasiones anteriores, Busby ingresó a la Casa de Gobierno por el portón trasero y la misma vía utilizó para salir. Con ello evitó que los reporteros indagaron sobre los motivos de sus reiteradas visitas a la región.

Extraoficialmente, se supo que Busby trata de convencer a los presidentes centroamericanos aliados de los Estados Unidos para que promuevan acciones de aislamiento de Nicaragua, a cuyo régimen consideran de corte comunista.

La entrevista sostenida entre el diplomático norteamericano y los funcionarios hondureños se lleva a cabo en momentos en que el presidente de Costa Rica, Oscar Arias, gestor del Plan de Paz suscrito en Guatemala, acusa al gobierno de Honduras de entorpecer el cumplimiento de los acuerdos adoptados el pasado siete de agosto.

La gira que efectúa Busby por la región no contempla una visita a Nicaragua, tal como ha ocurrido desde que el presidente Reagan decidió nombrar enviados especiales para Centroamérica.

El Heraldo/1 de octubre de 1987

SIGUEN MISTERIOSAS VISITAS DEL EMBAJADOR ITINERANTE

Rodeado del más inquietante misterio, ayer se reunió por espacio de una hora el enviado especial para Centroamérica, Morris Busby, con el presidente José Azcona y el jefe de las Fuerzas Armadas, general Humberto Regalado Hernández.

Los periodistas esperaron pacientemente para conocer sobre lo tratado al término de la reunión, pero el embajador itinerante no dio oportunidad, pese a que se le insistió que brindara declaraciones.

Empero, trascendió los viajes misteriosos que realiza Busby a Honduras conllevan el objetivo de obstaculizar el Acuerdo de Paz de Guatemala, suscrito el 7 de agosto próximo pasado por los cinco mandatarios del área.

Para los comunicadores que cubren la fuente de Casa Presidencial extraña sobremanera que el funcionario norteamericano en forma subrepticia es conducido por la puerta de atrás de Casa Presidencial, siendo de igual manera su salida.

Mientras, el artífice del Plan de Paz, el presidente de Costa Rica, Oscar Arias Sánchez, dijo que Honduras está obstaculizando el proceso de pacificación mediante evasivas para no conformar la Comisión de Reconciliación Nacional, como lo establece el Acuerdo de Esquipulas 11.

Es una tercera visita de Busby en los dos últimos meses a Honduras; la primera poco antes de asumir el cargo en sustitución de Philip Habib.

El portavoz de la Embajada de Estados Unidos, Charles Barkley, dijo que Busby viene a observar lo que ocurre en Centroamérica como consecuencia del Acuerdo de Paz y a analizar las posibilidades de democratizar Nicaragua.

Afirmó que Estados Unidos y las 4 democracias del área "estamos totalmente de acuerdo que se debe democratizar Nicaragua".

El presidente José Azcona y el embajador itinerante Morris Busby se aprestan a estrecharse la mano. Es la primera vez que los fotógrafos de los medos tienen la oportunidad de captarlos. (Foto de Aquiles Andino).

La Tribuna/1 de octubre de 1987

DEPARTAMENTO DE ESTADO USA ANALIZA SITUACIÓN DE REFUGIADOS

El Oficial Regional de Refugiados del Departamento de Estado Norteamericano, Robert Gersony, se reunió Ayer por la mañana con el presidente José Azcona y el jefe de las Fuerzas Armadas, general Humberto Regalado Hernández, con vistas a discutir el Programa de Refugiados en Honduras.

Director de la USIS, Michael O'Brian, informó que Gersony reporta al Departamento de Estado sobre los refugiados en varias latitudes del orbe, a fin de canalizar ayuda económica adicional que enfrentan los gobiernos.

Gersony se hizo acompañar del encargado de negocios de los Estados Unidos John Penfald ambos al término de la entrevista eludieron a los periodistas.

Robert Gersony y John Penfald mientras dialogaban con el presidente José Azcona y el jefe de las Fuerzas Armadas, general Humberto Regalado. (Foto de Aquiles Andino).

La Tribuna/1 de octubre de 1987

LA VUELTA LE JUGÓ FALCK AL PRESIDENTE

Los habitantes del nuevo municipio de Taulabé, Comayagua, recibieron la oferta del ministro asesor Carlos Falck de que si apoyan sus aspiraciones políticas es ayudará con el presidente José Azcona para que sean resueltos todos sus problemas.

La propuesta del aspirante a la candidatura por el Partido Liberal fue hecha el domingo anterior mientras los ciudadanos se habían reunido para ejercer el sufragio, ocasión en la que Falck dio a entender que cuenta con el respaldo político del mandatario.

El ministro asesor le había jugado la vuelta al presidente José Azcona pues tenía que marcharse a Washington el sábado anterior con los demás representantes de Honduras para estar a tiempo el lunes en la Asamblea aAnual del Banco Mundial y del Fondo Monetario Internacional.

Sin embargo, se fue hasta el mismo lunes anterior para poder politiquear el domingo.

Durante su comparecencia política ante los habitantes de Taulabé, el ministro asesor fue increpado por el diputado liberal Ramón de Jesús Sabillón, quien se molestó por la forma en que Falck anda haciendo política.

La misma oferta ha hecho Falck en otras comunidades. "Les prometo resolverles todos sus problemas con la ayuda del presidente Azcona, si ustedes me dan su apoyo", es ahora su lema de batalla, tal lo aseverado por dirigentes liberales de diferentes sectores.

Los dirigentes afirmaron que Falck insiste en sonsacarle militantes a los demás movimientos, pero sin éxito.

La Tribuna/1 de octubre de 1987

Telex a doña Violeta
PASO POSITIVO APERTURA DE "LA PRENSA": AZCONA

30 de septiembre de 1987
Señora Violeta Barrios Chamorro
Presidenta del Diario "La Prensa"
Nicaragua

En nuestro país se ha recibido con optimismo y alegría la reaparición, sin censura, el diario La Prensa, el importante abanderado de las libertades los derechos ciudadanos del hermano país de Nicaragua.

Este hecho que considera de buena fe, es un paso positivo para adelantar el acuerdo suscrito por los cinco presidentes centroamericanos en agosto recién pasado, con el objeto de pacificar y democratizar el área, mediante los procedimientos políticos del diálogo y la comprensión.

Nosotros los hondureños entendemos que la libertad de expresión irrestricta, es un mecanismo que permite participar a las comunidades en el proceso económico y social que estamos desarrollando en nuestra región, así como fortalecer los modos de vida y de gobierno que se basan en la justicia; el derecho, la libertad y la tranquilidad pública.

Deseamos expresarle a usted ya todo el hermano pueblo nicaragüense, nuestra particular alegría por este suceso y nuestra fe en que los centroamericanos hallaremos una solución política a nuestros conflictos regionales.

Con mis atentos saludos,
JOSÉ S. AZCONA H.
Presidente

La Tribuna/1 de octubre de 1987

ENVIADO DE REAGAN CONOCE PROBLEMAS DE REFUGIADOS

TEGUCIGALPA. – El presidente José Azcona y el jefe de las Fuerzas Armadas, general Humberto Regalado Hernández, se reunieron ayer con el oficial regional del Departamento de Estado para Asuntos de Refugiados, Robert Gersony, para analizar el problema de los refugiados en Honduras.

Gersony llegó a la Casa Presidencial acompañado por el encargado de negocios de la embajada de los Estados Unidos, John Penfald (izquierda) y ambos funcionarios se negaron a dar declaraciones a los periodistas.

El vocero de la embajada estadounidense, Michael O'Brien, dijo que el objetivo de la visita de Robert Gersony es corroborar información sobre los problemas de los refugiados de El Salvador y Nicaragua que se encuentran en Honduras, para transmitirla al Departamento de Estado. (TDG).

Tiempo/1 de octubre de 1987

Equipos de Liga Nacional…
COPA "PRESIDENTE AZCONA" LA PUEDEN JUGAR EL PRÓXIMO AÑO

Existen las posibilidades para que en enero y febrero del año próximo se dispute entre equipos de la Liga Nacional No Aficionado el torneo de fútbol "Copa Presidente Azcona".

Un alto directivo de fútbol profesional informó que se están haciendo los trámites correspondientes para que el torneo se haga una realidad para tales fechas.

Antiguamente, la Liga Nacional ya hizo experimentos con torneos de copa.

La Copa "Presidente Azcona" se llevaría a cabo a manera de mantener activos a los clubes y en fogueo durante sus trabajos de la pre-temporada.

La Tribuna/1 de octubre de 1987

INFORME SOBRE REFUGIADOS PRESENTAN AL PRESIDENTE

Una delegación del   Alto Comisionado de las Naciones Unidas para Refugiados (ACNUR) y del gobierno de Estados Unidos, se entrevistó ayer con el presidente José Azcona Hoyo para presentarle un informe sobre la situación de los refugiados centroamericanos en Honduras.

El Vocero presidencial, Marco Tulio Romero, dijo que el presidente Azcona se limitó a escuchar el informe sobre las condiciones en que se encuentran los campamentos que ACNUR atiende en el territorio nacional.

En el encuentro También estuvo presente el Comandante en las Fuerzas Armadas, general Humberto Regalado Hernández.

Romero añadió que a nivel internacional casi no se destaca el hecho que Honduras atiende a más de 100 mil refugiados nicaragüenses, salvadoreños y guatemaltecos a pesar de tratarse de un país pobre que enfrenta sus propios problemas de subdesarrollo.

"Ojalá que esa realidad sea divulgada en el exterior por los señores de la ACNUR para que se conozca el verdadero papel que nuestro país juega en el drama centroamericano", concluyó el vocero gubernamental.

Los delegados de ACNUR y del gobierno norteamericano durante la exposición que hicieron a presidente Azcona y al jefe de las Fuerzas Armadas sobre la situación de los refugiados centroamericanos en Honduras.

El Heraldo/1 de octubre de 1987

LOBOS CON PIEL DE OVEJA

Si hay algo que denunciaba Azcona a galillo partido durante su campaña, eran las arbitrariedades que se cometían en las oficinas de gobierno, cuando humildes empleados, por el solo hecho de simpatizar con el entonces presidenciable, eran destituidos de sus cargos como si se tratara de delincuentes a los que había que echar a la calle para que se murieran de hambre.

En el Ministerio de Comunicaciones hicieron barrida con los pobres "azconistas". En muchas oficinas públicas andaban buscando con lupa los que sospechaban eran activistas de aquel movimiento y les echaban bola negra.

No fue una sorpresa, entonces que muchos de los empleados públicos votaran en contra de la corriente oficial en aquellas elecciones, repudiando ese proceder de los gobernantes.

Se creyó, que aquellas actitudes que se vieron en la anterior administración, serían superadas en ésta, porque Azcona, quien sufrió en carne propia la persecución política, entraría con una conducta distinta y no con la actitud revanchista. Después de todo, ¿qué culpa tienen empleados públicos de muy escasos ingresos que pertenecen a cualquier movimiento político de los odios que se tienen los dirigentes de cúpula de un partido?

Que en el pasado, presidentes y ministros hayan actuado sectariamente, no tienen por qué pagar los platos gente humilde que no tuvo vela en ese entierro, muchos de los cuales más bien fueron víctimas del remolino descuartizante de las pasiones encendidas.

Pero no más miren ustedes cómo son las cosas. Desde inicios de este gobierno, poco a poco, como si estuviera en vigencia la doctrina del ojo por ojo y diente por diente, han venido destituyendo en todas las oficinas públicas a muchos de los que no se riegan incienso a los nuevos dioses.

Tienen, sin embargo, una tesis bien rara. Azcona cree que todos los grupos del Partido están obligados a apoyarlo a él como presidente por el hecho que es liberal, aún cuando actúan impunemente contra los militantes y simpatizantes de otros movimientos políticos que no son los oficialistas.

Ellos se creen merecedores del apoyo, por huevos o por candelas, a pesar de la humillación que les dispensan a otros liberales, que a diario cometen el imperdonable delito de no ser incondicionales de los dueños del gobierno.

Y aquí no hay por donde pasar. Todo lo que combatieron durante la campaña lo están aplicando al pie de la letra. A la fuerza sacan cotizaciones de los empleados públicos a favor de los movimientos oficialistas.

Y ¡ay! Del que no les dé la contribución. Pasen mediatamente a la lista negra que sirve de pauta para la pronta elaboración de los sobres blancos.

Ahora, después de la derrota sufrida por las corrientes de gobierno, como que la sed de venganza y de revancha política, oficinas públicas han elaborado los famosos listados de aquellos que no se persignan con el agua bendita del oficialismo.

Y ya están preparando los sobres blancos. Allá en Casa Presidencial se hacen los de a peseta. Se hacen los desentendidos, que no saben nada, si no se dan cuenta de lo que hacen en las mismas instituciones autónomas y en los ministerios. Pero vayan a ver el presidente hace algo para evitar la sangría.

En el Ministerio de Recursos Naturales, donde ya días andan con varias de esas listas negras, acaban de despedir a un pobre muchacho liberal. En aquellos tiempos cuando nadie quería trabajar por el partido, era conserje del Consejo Central Ejecutivo. Era el encargado de andar a pie recogiendo cotizaciones. Le pagaban cuando había medio mes le dejaban de pagar tres meses. Pero el muchacho seguía trabajando por amor a su partido. Hoy ese señor que tienen ahí y que ha convertido en emperador le paga todo aquel sacrificio quitándole su trabajo.

Igual sucede en otras oficinas del gobierno. En el Registro Nacional de las Personas bueno barrer de conformidad con las listas que levantan los intrigantes. Lo mismo sucede en el Educrédito y, de ahí para allá, suma y sigue.

Y todavía dicen que quieren unir al partido, vayan con esa pajarita a otro lado. El partido lo están esperando los lobos, y los lobos con piel de oveja.

La Tribuna/1 de octubre de 1987

Contracorriente
SUAZOCORDOVISMO Y AZCONISMO

JUAN RAMÓN MARTÍNEZ

Las referencias al Suazocordovismo y al Azconismo hechas por varios dirigentes del Partido Liberal, pueden hacernos pensar que existe en ese partido una enorme fuerza interior capaz de producir en el corto tiempo de seis años, dos movimientos ideológicos definidos con posibilidades particulares de sobrevivencia. O llegar a confundir al público en general sobre una supuesta diferenciación entre el gobierno que dirigió Suazo Córdova y el que ahora conduce el Ing. Azcona.

El Suazocordovismo es una simple excrecencia de la política liberal. Es una forma caudillesca similar a las que en el pasado hemos tenido. Simples corrientes en que los oportunistas se nuclean alrededor de una figura de poder, con el propósito de gozar de los beneficios del presupuesto nacional.

Alrededor del expresidente Suazo se congregaron muchos millares de liberales, convencidos que él era la fórmula básica para asegurar el poder para su partido. Pero no les movía una conducta dictada por una filosofía particular de la actividad política.

No había ninguna comunidad de pensamiento y por tanto tampoco existió doctrina política alguna. Las peculiaridades folklóricas de un hombre; su forma cantinflesca de hablar no son suficientes para crear un movimiento político trascendente. Se pueden articular pandillas, fracciones -igual que los ladrones se unen para alcanzar sus objetivos inmediatos o los amigos de las orquídeas tropicales para preservar sus especies- pero no reales corrientes, "ismos" auténticos, sino es alrededor de un pensamiento definido.

Y si no veamos lo que ha quedado del rodismo: nada, absolutamente nada. Muerto el caudillo que no tuvo o no pudo articular un pensamiento que se tradujera en un comportamiento homogéneo en sus adherentes el rodismo fue menos que un sombrero, un caballo y una manera pintoresca de hacer discursos políticos. Nada más.

Si lo primero es ingenuo, segundo es tramposo. El gobierno de Azcona no tiene diferencias fundamentales con el que dirigió Suazo Córdova. Los dos corresponden al partido liberal. Ambos tienen las mismas debilidades y en el desempeño de la administración pública exhiben las mismas "orientaciones".

Veamos algunos ejemplos: Suazo y Azcona han aplicado la misma política económica dictada desde el exterior. Forzados por el pensamiento neo-liberal, los dos gobiernos han descuidado las tareas del desempleo, el bienestar de las mayorías y, en general, no se han preocupado por estimular los procesos productivos nacionales.

En cuanto a seguridad, han manejado los mismos conceptos: han subordinado al individuo, al estado y los órganos de seguridad han operado casi siempre fuera de la Ley. Igual que Suazo en el pasado, Azcona en el presente se ha mantenido distante de los reclamos de la población en cuanto a los desaparecidos, por ejemplo.

En lo que se refiere a la política exterior, Suazo y Azcona han seguido la misma orientación: el país ha sido instrumento de los Estados Unidos y el territorio nacional ha continuado ocupado por fuerzas estadounidenses y de la contra nicaragüense.

Hay, es justo reconocer algunas diferencias, pero todas son circunstanciales. Azcona es un presidente más serio, que no exhibe la "barriga" a la primera insinuación y que no tiene la vocación de usar la Biblia para perseguir a sus adversarios. Pero lo fundamental, Azcona y Suazo dirigen a Honduras bajo los mismos principios y supuestos. De ahí que en la práctica los resultados sean los mismos.

Los dos son gobiernos inconvenientes para el futuro del país, debido a que son dirigidos sin deseos de cambiar Honduras. Apenas lo que han querido los liberales, los que han seguido a Suazo y los que le celebran los cumpleaños Azcona, es impedir que los nacionalistas lleguen al gobierno. Desarrollar el país, imaginar una nueva sociedad en que los principios de la doctrina liberal se hagan presente en la vida de los hondureños, no son propósitos de ninguna de las fracciones caudillescas que de tarde en tarde se agrupan en el interior del Partido Liberal para hacerse un lugar en el presupuesto nacional.

La Tribuna/2 de octubre de 1987

EL PRESIDENTE OPTIMISTA CON APERTURA DE "LA PRENSA" EN NICARAGUA

TEGUCIGALPA. – El presidente José Azcona Hoyo, en Telex dirigido ayer a la presidencia de "Diario La Prensa", expresa su "optimismo y alegría" por la reapertura del rotativo nicaragüense y califica la medida del gobierno sandinista como "un hecho de buena fe".

"En nuestro país se ha recibido con optimismo y alegría, la reaparición sin censura, de Diario La Prensa, el importante abanderado las libertades y los derechos ciudadanos del hermano país de Nicaragua", señala Azcona a la viuda de Chamorro.

Agrega que la decisión sandinista "es un paso positivo para adelantar el acuerdo suscrito por los cinco presidentes centroamericanos en agosto recién pasado, con el objeto de pacificar y democratizar el área, mediante los procedimientos política del diálogo y la comprensión".

"Nosotros los hondureños entendemos que la libertad de expresión e irrestricta, es un mecanismo que permite participar a las comunidades en el proceso económico y social, que estamos desarrollando en nuestra región, así como fortalecer los modos de vida y de gobierno que se basan en la justicia, el derecho, la libertad y la tranquilidad pública".

Finalmente, el presidente de la República expresa, su fe en que los centroamericanos "hallaremos una solución política a nuestros conflictos regionales".

El más viejo de los diarios nicaragüenses había clausurado sus labores hace más de un año por órdenes expresas del gobierno sandinista por la posición crítica del rotativo.

Ahora se ha permitido su reapertura como consecuencia de los compromisos adquiridos en el Documento de Paz que fue firmado por los cinco presidentes del área el siete de agosto anterior en ciudad Guatemala.

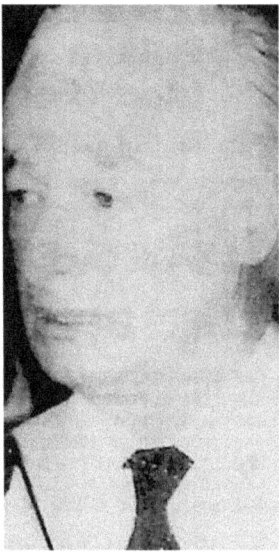

José Azcona Hoyo

La Prensa/1 de octubre de 1987

SUNTUOSOS ACTOS CERRARON CELEBRACIÓN DEL 409 ANIVERSARIO DE TEGUCIGALPA

Con la asistencia de muchas personalidades de nuestra capital, fue celebrado el martes anterior en horas de la noche dos actos especiales que cerraron con buen suceso los 409 años de fundación de Tegucigalpa.

Primeramente, se llevó a cabo en la catedral capitalina un Te Deum oficiado por el padre Tejeda donde ocuparon primera fila el ingeniero José Azcona Hoyo, doña Miriam de Azcona, el alcalde doctor Rodimiro Zelaya Fuentes y doña Mirna de Zelaya.

Los numerosos asistentes del Te Deum se trasladaron posteriormente al Salón de Cabildos la alcaldía municipal donde se procedió a desarrollar un lúcido acto y seguidamente una recepción.

El programa desarrollado contó con las acertadas palabras del doctor José Reina Valenzuela, quién hizo una reseña histórica de Tegucigalpa. También pronunció un importante discurso el alcalde de Tegucigalpa, doctor Rodimiro Zelaya, quién tocó muchos temas de gran importancia como ser la deforestación, los inconvenientes que ha tenido para desarrollar las obras, finalizando con la buena vecindad existente, entre los tegucigalpenses.

Otros puntos contemplados fue la entrega de la Hoja de Liquidámbar en el Grado de "Gran Caballero" al Excelentísimo Señor Embajador de China en Honduras Huang Chuan Li por toda la contribución que ha hecho en el desarrollo técnico de Tegucigalpa. También fue objeto de un reconocimiento especial por el licenciado Rodolfo Alvarado Sagastume, presidente del Banco Municipal Autónomo, quien se ha identificado con el desarrollo de los municipios en toda la República.

Cerrada la ceremonia, se dio paso a una recepción que disfrutaron autoridades del gobierno, miembros de la Corte Suprema de Justicia, organismos internacionales, miembros del Cuerpo Diplomático, invitados especiales y los excelentísimos señores Azcona Hoyo.

El doctor José Reina Valenzuela hizo rememorar los tiempos idos de la vieja Tegucigalpa.

El embajador Chino Huang Chuan Li cuando recibía el diploma que lo acredita como Gran Caballero de Tegucigalpa.

La numerosa concurrencia que estuvo en el Te Deum.

Durante el Te Deum en la Catedral aparecen en su orden doña Mirna de Zelaya, el ingeniero José Azcona Hoyo, doña Miriam de Azcona y el doctor Rodimiro Zelaya Fuentes. (Fotos Lito Herrera).

El Heraldo/2 de octubre de 1987

AZCONA INICIARÁ SIEMBRA DE 750,000 ÁRBOLES EN LA CAPITAL

Los directores de la Cámara de Comercio e Industrias de Tegucigalpa y las autoridades de la Alcaldía Municipal inaugurarán el próximo lunes el proyecto de arborización de capital.

Tus actos serán presididos por el mandatario, José Azcona, el alcalde Rodimiro Zelaya, el presidente de la Cámara, José María Betancourt y el coordinador del proyecto, Edwin Handal.

La ceremonia del inicio oficial de la arborización del Distrito Central tendrá lugar en la intersección de los bulevares Comunidad Económica Europea y de las Fuerzas Armadas.

El comité promotor de la arborización de Tegucigalpa (PROARBOL) proyecta la siembra de 750 mil plantas en un plazo de tres años, con la colaboración de organizaciones sociales, profesionales, comunitarias y otras.

JOSÉ AZCONA

*La Tribuna/*3 de octubre de 1987

El mismo observó ayer el espectáculo maravilloso:
SATISFACEN AL PRESIDENTE DESCARGAS EN "EL CAJÓN"

COMPLEJO HIDROELECTRICO EL CAJON. (Por Adelmo Argueta). – La compuerta de dos bocas del túnel de alivio de esta gigantesca Central Hidroeléctrica, que actualmente mantiene embalsados 700 millones metros cúbicos de agua, fue nuevamente abierta ayer ante la presencia del presidente de la República, ingeniero José Azcona Hoyo, quien se mostró impresionado por la garantía que ofrecen las instalaciones electromecánicas de esta represa que brinda energía eléctrica al país y a algunas naciones centroamericanas.

Desde el puente situado sobre el Río Humaya o Comayagua, o sea muchos metros abajo de la enorme y gruesa cortina de arco de la represa, el mandatario observó a las 11:00 de la mañana como dos gigantescos chorros de agua blanca y espumosa salían de la compuerta de aliviadero y se elevaban al cielo, para luego caer en forma de arco sobre el mencionado río, formando un espectáculo singular y maravilloso, que también se produjo el jueves y viernes de la semana pasada, cuando dicha compuerta fue comprobada por primera vez por los ingenieros de la Empresa

Nacional de Energía Eléctrica (ENEE) para cerciorarse de su funcionalidad y garantía, lo cual quedó demostrado ayer una vez más.

El ingeniero Reynaldo Borjas, jefe de Instalaciones Electromecánicas del complejo hidroeléctrico, quien dirige las pruebas de desagüe informó que el pasado sábado también fueron probadas o abiertas las tres compuertas de descargue de fondo, o sea las que se encuentran en el propio centro de la cortina de arco y que su funcionamiento fue normal. Agregó que éstas serán abiertas por varios días, pero en tiempo seco (verano) para evitar inundaciones aguas abajo de los ríos Comayagua y Ulúa, sobre todo en el Valle de Sula.

Respecto de la compuerta de aliviadero, Borjas manifestó que la misma permanecería todo el día de ayer abierta. Dijo que dicha compuerta, situada en la orilla derecha de la cortina de arco (viéndola desde abajo) tiene una capacidad de 1.450 metros cúbicos de salida de agua por segundo, aunque las descargas de ayer fueron de solo 650 metros cúbicos por segundo.

Señaló el ingeniero Borjas que los días jueves y viernes anteriores por la mencionada compuerta del túnel de aliviadero fueron liberados 35 millones de metros cúbicos de agua y que en la actualidad la represa tiene embalsados 700 millones de metros cúbicos de agua. Añadió que antes de las primeras descargas el embalse estaba a 586.15 metros sobre el nivel del mar, pero que ahora su nivel es de 585.65 metros "y podemos, todavía, almacenar toda el agua del lago de Yojoa", aseguró.

Extasiado el mandatario hondureño observa la enorme caída de agua de la compuerta del túnel de aliviadero. (Foto Fredy Pineda).

Después de observar las pruebas de descargue desde el puente instalado aguas abajo, el presidente José Azcona Hoyo subió con su comitiva, en medio de una caravana de carros y por una carretera pavimentada y empinada que está sobre la montaña, hasta arriba de la cortina de arco; a su derecha se halla un túnel que cruza el cerro de pura roca y baja hasta salir metros abajo cerca de la parte exterior de la cortina y a la izquierda la entrada al túnel en cuyo interior se encuentran las instalaciones electromecánicas, los modernos equipos de control de la represa y otros equipos computarizados que garantizan la existencia del complejo hidroeléctrico.

En las pruebas, además del presidente de la República y de invitados especiales y periodista, también estuvieron presentes los ingenieros Jack Arévalo, gerente general de la ENEE; Fernando Castro, jefe de la División Norte de la misma institución; Hugo Mass, jefe del Departamento de Ecología de El Cajón; Reynaldo Ávila, jefe de la central Hidroeléctrica; Rigoberto Borjas y el licenciado Ramón Edgardo Martínez, jefe de la unidad de Control de Proyectos de la ENEE.

La Prensa/5 de octubre de 1987

Asegura su guardia personal:

NO HA HABIDO ATENTADO CONTRA PRESIDENTE AZCONA

Ningún atentado terrorista ocurrió el viernes anterior en horas de la noche contra el presidente de la República, José Azcona Hoyo, confirmaron ayer integrantes de su guardia personal.

Miembros de la seguridad del Estado dijeron a EL HERALDO que "en realidad hubo un incidente con unos jóvenes que andaban drogados y en estado de ebriedad, que respetaron con murmuraciones a la guardia personal del ingeniero Azcona".

Los mismos informantes apuntaron que esta situación se produjo cuando el mandatario abandonaba el Estadio Nacional, donde presenció el partido entre las selecciones de fútbol de Honduras y Canadá.

Después de producirse el altercado, dos jóvenes fueron detenidos por las "murmuraciones" y sometidos a una investigación, a fin de determinar si podría tratarse de un atentado contra el presidente de la República.

LIBRES

Los mismos integrantes de la guardia personal del gobernante formaron que los detenidos minutos después recobraron la libertad, porque se determinó que no "existía nada de atentado y resultaron ser hijos del mayor Urbina", aunque no especificaron de qué oficial se trataba.

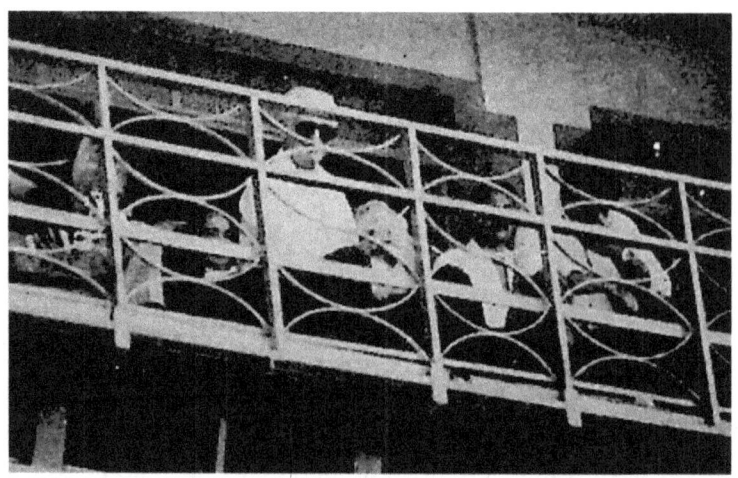

El presidente José Azcona Hoyo disfrutando de un partido en el Estadio Nacional. Los miembros de su seguridad negaron que se haya perpetrado un atentado en su contra al salir de ese centro deportivo. (Foto Rolando Mondragón).

*El Heraldo/*5 de octubre de 1987

MAESTROS NO LOGRAN QUE AZCONA LOS RECIBA PARA UNA CONTRA-OFERTA

El presidente José Azcona Hoyo "está mudo" al no dar respuesta a una audiencia solicitada por el Movimiento Nacional Magisterial Hondureño (MONAMAH) para plantearle una contraoferta en torno al incremento salarial que ofreció a los maestros del país, dijo el vocero de esta agrupación, Ramón Castro.

Los presidentes de las seccionales del Colegio Profesional de Superación del Magisterio Hondureño aglutinadas en el MONAMAH, se reunieron ayer en esta ciudad para definir las estrategias a seguir en la lucha por la aprobación del Estatuto del Docente, así como la discusión de la propuesta gubernamental.

Azcona Hoyo ofreció recientemente al gremio magisterial un momento de 75 millones de lempiras diferidos en cinco años.

Castro informó que los maestros aceptan la propuesta del titular del Poder Ejecutivo, pero que el incremento se lleve a cabo en tres años y no en cinco como sostiene él.

"Nosotros hemos hecho planteamientos al presidente de la República solicitándole una audiencia para plantearle nuestra contraoferta, pero está mudo al no contestarnos", señaló el dirigente. (FG).

*Tiempo/*3 de octubre de 1987

MÁS DE 1.200 EMPLEADOS PÚBLICOS DESPEDIDOS EN GESTIÓN DE AZCONA

Más de 1.200 empleados públicos han sido despedidos en lo que va del gobierno del presidente José Azcona Hoyo, denunció ayer el presidente de la Asociación Nacional de Empleados Públicos de Honduras (ANDEPH), José Obdulio Chévez.

Señaló que los despidos han sido provocados por sectarismo político por parte de los principales colaboradores del presidente Azcona, violando las leyes laborales y actuando en forma arbitraria, para satisfacer sus intereses particulares.

Chévez indicó que en los ministerios de Recursos Naturales, Hacienda, Cultura y Turismo y de Comunicaciones, es donde se han producido la mayor parte de los despidos, contrariando la política del presidente Azcona de fomentar el empleo.

Anunció que a través de la Confederación de Trabajadores de Honduras (CTH), a la cual está afiliada a la ANDEPH, se pretende presionar al presidente Azcona para que "de una vez por todas se paren este tipo de arbitrariedades". (TDG).

Tiempo/3 de octubre de 1987

AZCONA INSPECCIONARÁ DESCARGAS EN EL CAJÓN

El presidente José Azcona Hoyo observará mañana las descargas de agua que están efectuando se en la represa de la Central Hidroeléctrica "El Cajón", labor que inició el jueves anterior.

El mandatario llegará a las 10 de la mañana en un helicóptero de la Fuerza Aérea Hondureña (FAH), acompañado de varios miembros del Gabinete de Gobierno y otros funcionarios públicos.

Las descargas de agua de la represa de El Cajón están siendo realizadas por técnicos suizos, japoneses, italianos y de la Empresa Nacional de Energía Eléctrica (ENEE), y esa actividad durará varios días.

Tiempo/3 de octubre de 1987

AZCONA INSPECCIONA EL CAJÓN

SANTA CRUZ DE YOJOA. – El presidente de la República, José Simón Azcona Hoyo, reconoció ayer la necesidad que había de bajar el nivel de las aguas almacenadas en la represa hidroeléctrica de El Cajón, ubicada a 18 kilómetros al noroeste de aquí, al realizar una visita de inspección en observar las descargas de agua que la Empresa Nacional de Energía Eléctrica (ENEE) realiza desde el jueves anterior.

En las primeras horas de la mañana de ayer, los técnicos encargados de realizar los desagües de la represa para bajar el nivel de las mismas de 286.25 metros sobre el nivel del mar a 285 metros, realizaron una primera descarga de mil metros cúbicos de agua por segundo.

Posteriormente y ante la presencia del presidente Azcona Hoyo, a eso de las 11:10 de la mañana, efectuaron otra descarga por las compuertas laterales de alivio en su máximo de apertura de 9 metros liberando mil 490 metros cúbicos de agua por segundo.

Anda el impresionante espectáculo de la caída de agua, el mandatario expresó que "estas descargas completan todas las pruebas de la represa hidroeléctrica El Cajón, además de la necesidad que había para bajar un poco el nivel de las aguas, también sirve de pruebas de las compuertas y con esto se finalizan las pruebas de este importantísimo proyecto".

No obstante, el presidente Azcona Hoyo no observó las pruebas de las tres compuertas de la descarga de fondo, dado que estas fueron hechas el sábado anterior evacuando cada una, 650 metros cúbicos de agua por segundo.

El presidente Azcona y su comitiva llegaron en helicóptero a la zona a las 10:30, media hora después de lo previsto aterrizando en el helipuerto del batallón de Fuerzas Especiales que tiene a su cargo la seguridad de la central hidroeléctrica.

Diez minutos más tarde el gobernante acompañado del gerente general de la ENEE, Jack Arévalo, el coronel Rafael Castro Arita, el embajador de Venezuela, Dionisio Teodoro Marcano, el embajador del Japón, Ita bashi, el embajador de Italia, Mario Alberto Montecalvo, el representante de Honduras del Banco Interamericano de Desarrollo (BID) Carlos Schoder y el representante del Programa de las Naciones Unidas, Ricardo Tichauer, visitaron la sala subterránea de máquinas y turbinas.

El jefe del Sistema Interconectado Nacional de la ENEE, Angel Baide, explica al presidente Azcona Hoyo el funcionamiento de los controles que operas las turbinas generadoras de energía eléctrica.
(Foto López).

Durante el recorrido el jefe del Sistema Interconectado Nacional de la ENEE, ingeniero Ángel Baide, explicó al dignatario y a los visitantes el funcionamiento de las turbinas generadoras de energía eléctrica, así como la sala de control de la Central Hidroeléctrica.

El presidente Azcona hoyo, bajo fuertes medidas de seguridad, apareció desde un puente colgante, 200 metros abajo de la cortina de la represa, la apertura de las compuertas laterales y la salida de los mil 490 metros cúbicos de agua por segundo.

Acto seguido a las 11:30 de la mañana, el gobernante y sus acompañantes subieron a la cresta de la represa El Cajón donde observaron el curso de las aguas río abajo, donde se les informó que el nivel de la represa ha sido bajado en unos 55 centímetros que representan un promedio de 70 millones de metros cúbicos de agua.

El recorrido de los visitantes concluyó a las 12:05 d del mediodía, trasladándose para almorzar luego al Club Social de El Cajón. En dicho lugar los comunicadores sociales entrevistarían al presidente Azcona hoyo, pero éste se excusó argumentando que el clima estaba cambiando y que tenía que volar de inmediato para regresar a Tegucigalpa. (RM).

Satisfecho se mostró ayer el presidente de la República con las pruebas mecánicas efectuadas en las compuertas de la represa El Cajón que hasta ayer habían evacuado cerca de 70 millones de metros cúbicos de agua para mantener un nivel estable de 285 metros sobre el nivel del mar. (Foto López).

Tiempo/5 de octubre de 1987

¿FRUSTRADO ATENTADO CONTRA AZCONA HOYO?

- *Detenidos dos jóvenes que intentaron acercársele, uno de ellos armado*

El presidente José Azcona habría estado a punto de sufrir un atentado a la noche del viernes al aprestarse a abandonar el Estadio Nacional, tras concluir el juego entre la selección canadiense y un combinado hondureño.

De acuerdo a datos que tienen amplios visos de verdad pero que las autoridades oficiales no confirman, te dijo esa misma noche que dos jóvenes no identificados, uno de los cuales iba armado, burlaron la custodia personal del gobernante y lograron acercársele. Se ignoran las razones que tuvieron para ello, pero trascendió que fueron detenidos y permanecen en algún lugar de la capital.

Los datos suministrados no indican si hubo o no, amago controla la persona del presidente, o si se trataba de simpatizantes que quisieron saludarlo.

La custodia de los presidentes de Honduras, sobre todo en los últimos años, se ha distinguido por ser muy severa en asuntos de seguridad y el personal que la integra ha recibido diversos cursos de "protección a dignatarios" y la mayoría tiene condecoraciones en defensa personal y tiro al blanco.
La Tribuna/5 de octubre de 1987

VAMOS A VER...

Ya regresó del oriente, después de varias semanas de ausencia, el joven dirigente del Partido Nacional. Informan que anduvo por Israel y las europas, teniendo como objetivo importante del viaje inscribir su partido en una de esas organizaciones internacionales de mucho prestigio, pero de reconocido corte conservador.

A su regreso se ha enterado que el Poder Ejecutivo ya terminó de elaborar el Presupuesto General de Ingresos y Egresos para el año fiscal 1988.

El presupuesto anterior, o sea el que estará vigente hasta finales de este año, igual que éste, elaborado por el ejecutivo y enviado al Congreso para su aprobación.

Se supo en el Congreso que antes de discutirlo en el plenario, dirigentes de los grupos políticos que suscribieron el Pacto de Unidad, PUN, se habían reunido en un "desayuno de trabajo" en la casa del secretario de la cámara, para ponerse de acuerdo en cómo iba a funcionar la aplanadora del PUN a la hora de la aprobación.

Dicho y hecho. El presupuesto llegó al conocimiento de los diputados en el último día de la legislatura. El dictamen de la comisión acoge el presupuesto con todo lo convenido por los invitados al desayuno. En una sesión kilométrica que duró todo el día, y la noche, y las horas de la madrugada, se aprobó la tanda de documentos, denominado presupuesto general de la nación.

Ahí, inicia ese presupuesto, va contenido todo lo que tiene que ver con los ingresos que percibe el gobierno. Ahí en esos papeles, va rubro por rubro, todo lo que tiene que ver con los gastos del gobierno central. Dentro de ese paquete van los financiamientos, los programas de inversión, lo asignado a cada Secretaría de Estado.

Y también, dentro de ese presupuesto, va lo que se denomina déficit fiscal. Así que los señores diputados, cuándo levantan la mano para decir que sí, cuando les preguntan si están o no de acuerdo con la aprobación de ese tamal, también están aprobando el déficit.

Cierto que el presupuesto lo elaboran en el Ejecutivo; que se reúne el presidente y que por una única vez se convoca a sus ministros para que le digan que sí a todo lo que les mandan los encargados de armar el rompecabezas presupuestario. Pero no es ahí, en el Ejecutivo, donde dan la última palabra.

La última palabra la tiene el Congreso Nacional. Y con una aclaración. Cuando el Congreso aprueba el presupuesto, no pasa como las otras leyes del país a la sanción del Ejecutivo.

No va de vuelta a ver si al presidente le gusta o no lo que le pusieron o le quitaron al paquete que él había enviado. No. El presidente de la República no puede vetar el presupuesto.

El Congreso le quita, le pone, lo deja igual, y lo hace promulgar de inmediato. El Congreso, entonces, tiene la última palabra.

Todos estos días, desde el máximo líder del nacionalismo hasta los medianos y chiquitos líderes que lo rodean, se han venido quejando el déficit presupuestario, queriendo echarle la culpa de este al presidente de la República.

Pues esta es la oportunidad dorada, por no decir de oro, para que la bancada nacionalista corrija ese déficit en el presupuesto, qué tanto les ha molestado. Si sucede lo que aconteció la vez pasada, que en un desayuno los socios del pacto se pusieron de acuerdo para pasar la aplanadora y decirle que sí a todo lo que les mandó el Ejecutivo, que no queden después quejándose, lamentándose del terrible déficit y queriendo endorsarle la culpa al pobre Azcona.

Vamos a ver cuál es la posición que asume la bancada nacionalista en cuanto al presupuesto y a la aprobación del déficit fiscal. A ver si vota a favor del déficit o en contra el déficit. Vamos a ver ahora que tienen tan envidiable oportunidad, votan en bloque con sus otros socios del pacto para repujarle el déficit del pueblo, en una sesión maratónica como hicieron la vez pasada.

Vamos a ver, dijo un ciego... Y nunca vio...

La Tribuna/5 de octubre de 1987

AZCONA ANUNCIA OTROS DOS PROYECTOS HIDROELÉCTRICOS EN ULÚA Y CHAMELECÓN

CENTRAL HIDROELÉCTRICA EL CAJÓN. (Por Adelmo Argueta). – El gobierno está estudiando la implementación de otros dos proyectos hidroeléctricos en los ríos Chamelecón y Ulúa, no solo para producir más energía, sino también para controlar del todo las inundaciones en el Valle de Sula, confió aquí a LA PRENSA el presidente de los hondureños, ingeniero José Azcona Hoyo.

El mandatario visitó el complejo hidroeléctrico El Cajón conformado por una gigantesca garganta rodeada de cerros y situado entre los departamentos de Cortés, Yoro y Comayagua, en donde la mañana de ayer los técnicos en la Empresa Nacional de Energía Eléctrica (ENEE) realizaron una prueba más de descargue de agua, al abrir la compuerta del túnel del aliviadero, para corroborar su seguridad y manejo.

El ingeniero Azcona Hoyo dijo sentirse satisfecho con todas las pruebas, puesto que era lo que faltaba para asegurar la confiabilidad de la central hidroeléctrica como principal generadora de energía eléctrica no sólo para Honduras sino para los países de Centroamérica que así lo requieran, ya que la represa tiene la capacidad para ello.

Hizo énfasis el mandatario en que El Cajón no sólo es generador de energía, sino una central controladora de las inundaciones. Sobre el tema manifestó que, en efecto desde hace cuatro, cuando comenzó embalsar el agua de los ríos Yure, Humuya y Comayagua, además de otro gran número de quebradas y riachuelos, no se han presentado inundaciones aguas abajo de la represa, sobre todo en aquellas partes del Valle de Sula donde anualmente se reportaban pérdidas por las anegaciones a comunidades y cultivos.

Tras manifestar que la riqueza que tiene Honduras está en su potencial hidráulico, lo cual ha quedado demostrado con la represa El Cajón, el ingeniero Azcona Hoyo precisó que ya se está estudiando la ejecución de otros dos proyectos hidroeléctricos en los ríos Ulúa y Chamelecón, con lo cual se controlarían por completo las inundaciones en el fértil Valle de Sula. Señaló que tales proyectos podrían llevarse a cabo en el futuro cercano, pues el gobierno que él dirige está interesado en ello.

Dijo que no contamos con petróleo en el territorio nacional, pero que Honduras tiene una gran riqueza para producir energía, pues contamos con la suficiente agua para generarla.

Azcona Hoyo, como profesional de la ingeniería, brindó explicaciones a LA PRENSA, sobre la importancia del complejo hidroeléctrico El Cajón y reiteró que el país cuenta con un gran potencial para llevar a cabo otros proyectos similares, de igual o menor magnitud, pero que vendrán a fortalecer la seguridad, el progreso y desarrollo del Valle de Sula y de otras zonas.

Preguntado por el reportero sobre los cargos que se han hecho contra Honduras en la Corte Interamericana de los Derechos Humanos, con sede en San José, Costa Rica, en dónde recién se ha iniciado un juicio contra nuestro país por supuestas violaciones a los Derechos Humanos, el presidente de la república manifestó con serenidad que ya hay una Comisión Interinstitucional que se ha hecho cargo de tal situación, para luego asegurar que es falso que se haya actuado con parsimonia para defender a Honduras de tales cargos "puesto que sí ha existido agilidad y esperamos que pronto esto se resuelva".

El ingeniero José Azcona Hoyo es visto haciendo un recorrido por la carretera situada encima de la cortina de la represa. (Foto A. Salinas).

El presidente de los hondureños brinda declaraciones a nuestro reportero en la central hidroeléctrica El Cajón.
(Foto Auberto Salinas).

La Prensa/5 de octubre de 1987

DOS HOMBRES ARMADOS DETENIDOS POR ACERCARSE AL PRESIDENTE

SANTA CRUZ DE YOJOA. – Entre un cordón de seguridad y con un número inusual de agentes uniformados y fuertemente armados, llegó aquí ayer el presidente de la República, José Azcona Hoyo, a observar las descargas de agua en la represa El Cajón.

Según uno de los guardias de seguridad, la vigilancia se debía a que, en días pasados al salir el presidente de presenciar un encuentro futbolístico en el Estadio Nacional, dos desconocidos armados se "acercaron mucho" al presidente. Ambos fueron detenidos por la seguridad personal del mandatario.

Aseguró que dicha información fue difundida por una cadena de radio capitalina que transmitía el partido de fútbol.

Desde tempranas horas de ayer elementos del ejército fueron ubicados estratégicamente por la ruta que seguiría el gobernante y sus acompañantes, los puestos de control para ingresar a la represa El Cajón fueron reforzados, y no se permitió el ingreso de ninguna persona que no estuviera acreditada y portara el pase de circulación.

Durante el recorrido por las diferentes instalaciones de la central hidroeléctrica, el presidente Azcona Hoyo iba rodeado de 10 a 12 soldados y a la distancia unos 10 más.

El mandatario tuvo siempre a su lado al jefe de la Guardia de Honor Presidencial, coronel Rafael Castro Arita. (RM).

Una estricta vigilancia personal mantuvieron ayer los cuerpos de seguridad sobre el ingeniero Azcona Hoyo en su visita a la represa El Cajón, donde llegó para observar la descarga de aguas de la Central Hidroeléctrica. (Foto López).

*Tiempo/*5 de octubre de 1987

AZCONA: IHSS NECESITA AUMENTAR COTIZACIONES

El Instituto Hondureño de Seguridad Social (IHSS) tiene que modificar los porcentajes de las cotizaciones de los trabajadores y patronos para sobrevivir, declaró hoy el presidente José Azcona.

"Es muy difícil a estas alturas que a una familia con 21 lempiras se le puede dar toda la asistencia médica como está sucediendo con el Seguro Social ", expresó.

El mandatario recordó que cuando se fundó el Seguro Social los directores ganaba 900 lempiras y 600 lempiras los subdirectores de las diferentes dependencias del Estado, los ministros 1.500 lempiras y los viceministros 1.000 lempiras.

"En esa época 600 lempiras era un salario para el cuarto nivel de la burocracia, lo mismo en la empresa privada, donde sólo los subgerentes ganaban salarios de 600 lempiras, pero ahora ese sueldo lo gana cualquier conserje", comentó.

Azcona dijo que las escalas salariales sobre las cuales se cotiza el Seguro Social están desactualizadas y que es necesario hacer cambios para aumentar el tope en las cotizaciones.

Afirmó que el gobierno está pagando en la actualidad su cuota como patrono al Seguro Social, informó que el año pasado entregaron 5.5 millones de lempiras y que lo mismo ha aportado en 1987, pero que se prevé un incremento para 1988.

"Creo que tarde o temprano el Seguro Social tendrá que subir el monto de las cotizaciones para sobrevivir, porque ahora hasta los gerentes y altos funcionarios recurren a los servicios de esa institución, cosa que no sucedía en el pasado", finalizó.

*La Tribuna/*6 de octubre de 1987

NIEGA EL PRESIDENTE INTENTO DE ATENTADO

- *También, que haya diferencias con regalado*

El presidente José Azcona negó ayer que existan diferencias con el comandante en jefe de las Fuerzas Armadas, general Humberto Regalado Hernández, las que supuestamente se habrían evidenciado en la inasistencia del gobernante a la celebración del Día del Soldado.

Explicó que no asistió a la celebración porque la misma se llevó a cabo en todas las unidades "y yo no podía ir a una y no ir a otra, ya no poder estar en todas decidí no estar en ninguna".

El mandatario también negó que el viernes anterior en horas de la noche se quiso atentar contra su persona mientras abandonaba las instalaciones del Estadio Nacional.

"Lo que pasó, dijo, es que cuando bajábamos de los palcos había dos muchachos que estaban con sus tragos y lanzaron un puñetazo contra un guardia, pero allí se aclaró todo. Se les tomo una declaración y se soltaron inmediatamente".

La Tribuna

6 de octubre de 1987

EL PRESIDENTE AZCONA ANUNCIA QUE SE INTEGRARÁ LA COMISIÓN DE RECONCILIACIÓN

- *Dice que avalará préstamo por nueve millones de lempiras para la capital*

TEGUCIGALPA. –(Por Nery Arteaga). – El presidente de la República, José Azcona Hoyo, aseveró ayer que se integrara la Comisión de Reconciliación, con facultades limitadas, pese a que en el país existen grupos alzados en armas.

Comentó al mandatario, que no es cierto que las Fuerzas Armadas se opongan a la creación de esta comisión, en cumplimiento del Acuerdo de Paz firmado en Esquipulas, Guatemala.

Ilustrando sobre el espíritu de la declaración que dio vía al compromiso de crear la Comisión de Reconciliación, el presidente dijo que el propósito de la misma es unir las familias que han sido divididas debido a la situación centroamericana.

Pero advirtió que la citada comisión no ventilará en todo lo que la gente piensa, estrictamente se limitará a lo que marca el acuerdo de Guatemala.

En el punto referente a la amnistía, dijo que ese perdón político yo ocurrió el año anterior en Honduras, por lo que la comisión no va hacer nada.

En cuanto a diálogos con grupos alzados en armas, señaló que no hay alzados en armas, se creará la Comisión de Reconciliación, señaló Azcona, para que no digan que Honduras se opone el cumplimiento de su compromiso.

Refiriéndose a las presiones que viene haciendo para la creación de esta comisión, el presidente del Partido Demócrata Cristiano, Rubén Palma Carrasco. Azcona dijo que Palma Carrasco, quién lo insulto públicamente en una reunión de un acto político, lo que busca es ver qué pesca en política.

Comparándolo con el expresidenciable demócrata cristiano Hernán Corrales Padilla, el presidente dijo que "Palma no le llegaba ni al tobillo a Corrales Padilla", lo que está haciendo es buscar votos para su partido y tratar de buscar por donde meterse ante la opinión pública.

AVALARÁ LA MUNICIPALIDAD

El presidente de la República anunció que avalará un préstamo que obtendrá la municipalidad de Tegucigalpa, por la cantidad de nueve millones de lempiras.

Este préstamo será concedido por el gobierno de Argentina, con la salvedad de que el equivalente económico será entregado en equipo de recolección de basura, el alcalde Rodimiro Zelaya venía siguiendo esta gestión desde hace un año, pero el mandatario se negaba a la autorización.

NO ORDENA DESPIDO DE FLORISTAS

Azcona negó que hayan ordenado despidos en el Ministerio de Comunicaciones, informando que sólo se han producido ocho destituciones en la Dirección General de Mantenimiento lo que no representa gran cosa, ya que esa dependencia tiene de seis mil a ocho mil empleados.

Rechazó versiones de los empleados cancelados, en las que se informa que la mayoría de los despedidos son por cuestiones políticas por un voto por Carlos Flores durante las elecciones internas celebradas el seis de septiembre del año en curso.

En esas cosas dijo que no debería hacerse tanta bulla, ya que los despidos han sido justificados porque hay personas que no pasan haciendo nada.

Preguntado sobre los problemas financieros, dijo el presidente que es imposible reducirlo porque si despiden a alguien, la prensa empieza a echar candela.

El presupuesto general de la nación resultó elevado por los aumentos otorgados a médicos, 4 por ciento para puertos, maestros aclarando que en cuanto a éstos platicará con ellos porque no puede darles lo que piden.

En todo caso solo ofrecerá lo justo, porque si se les concede el reajuste a los mentores en tres años, el presupuesto sería de más de cien millones de lempiras, por lo que él está dispuesto a reunirse con los maestros para convencerlos de que el ofrecimiento es lo máximo que puede otorgar.

CIERRE DE BANASUPRO

Sobre el anunciado cierre de operaciones de BANASUPRO, el presidente indicó que se tendrá una reunión con la junta directiva de la institución y el sindicato.

Si ellos quieren que BANASUPRO continúe, advirtió, tiene que ser en base a un sacrificio de todos, ya que incluye administradores, sindicalistas y todos los que laboren.

El sindicato, sostuvo el presidente, se deberá comprometer a no solicitar aumento de sueldos en los próximos tres años, administración también tiene que rebajar el salario.

AUMENTO DE PRESUPUESTO

El presidente consideró incongruente la posición del Partido Nacional tendiente a solicitar aumento de presupuesto por un lado y el rechazo a la aprobación del presupuesto deficitario.

Dijo que las cosas se deben enfocar en una sola dirección, disminuyendo gastos aprovechar cualquier situación con ánimo político.

En cuanto al déficit de este año, dijo que la situación de desequilibrio está más o menos a la de 1982, 1983, 1985, con la diferencia que es menor y en 1984 la situación mejoró debido a la emisión de un decreto eximiendo el impuesto de ventas.

NO HUBO ATENTADO

En cuanto a un atentado contra su persona, el presidente dijo que no era cierto y que el incidente ya fue aclarado, lo que ocurrió, añadió, es que, a la salida del partido de fútbol dominical, unos muchachos con sus tragos, lanzaron un puñetazo a un miembro de la Guardia de Honor, pero lo único que ocurrió es que se les detuvo, se tomó una declaración y fueron liberados posteriormente.

AUSENCIA DE AZCONA EN DÍA DEL SOLDADO

Algunos medios de comunicación han dicho que Azcona no se presentó la celebración del Día del Soldado en Tegucigalpa, por diferencias con el jefe de las Fuerzas Armadas, se le consultó, a lo que negó aduciendo que en todas las unidades hubo celebración y así lo decidió las Fuerzas Armadas, por lo que él no pudo estar presente en todos los actos.

¿Y LOS ASPIRANTES?

Finalmente dijo que, pese a los cuestionamientos en su contra, él se atribuyó como un líder en el Partido Liberal, habiéndolo demostrado al conseguir la presidencia de la nación.

Lo que ocurre comentó es que muchos liberales quisieran que yo anduviera en campaña política, pero eso no es posible porque yo ya soy el presidente y entregaré mi periodo en los próximos dos años.

Yo no puedo asumir el liderazgo éste, tiene que hacerlo otro liberal, lo único que queda es esperar que nuestra familia se una alrededor de uno de los aspirantes, concluyó.

La Prensa/6 de octubre de 1987

[Editorial]
LA CEIBA Y SU INCIERTO FUTURO

Pocas ciudades de nuestra geografía tiene una tradición de laboriosidad y dinamismo como La Ceiba. Existe en ella un largo camino que tus hijos han abierto en su lucha por el progreso; desde los inicios del siglo cuando arranca con la fundación de uno de los dos más antiguos bancos del país, pasando por una serie de circunstancias que han marcado un hito, La Ceiba se ha distinguido como un emporio de riqueza, de creatividad y sobre todo de trabajo.

Durante largos años vivió la época más feliz de su existencia. Era una vida sin privaciones, porque junto al auge de la empresa bananera que se asentó en su suelo, vino una era de desarrollo, de modernización que ha quedado muy marcada en esa ciudad que además de bella es hospitalaria sin reservas.

Sin embargo, los tiempos han cambiado sustancialmente. Ya las oportunidades de trabajo que tuvo La Ceiba en décadas pasadas no son las mismas; pese a que hay siempre quienes desean invertir en su suelo, existe una tendencia al aumento del desempleo y el haber llevado a otros lugares relativamente cercanos, como Puerto castilla, las facilidades portuarias de las que carece La Ceiba, le ha traído una etapa crítica de la que sus hijos desean salir cuanto antes.

El muelle, otrora emporio de plazas para trabajadores es solo un remedo de lo que fue; apenas un barco cada ciertos días nos recuerda momentos estelares en la vida de esta ciudad atlántica que nos pone en evidencia que su situación no es precisamente bonancible.

Se pensó que con la llegada a la Presidencia de la República de un hijo de la ciudad cambiarían las cosas. La verdad es que no todo ha sido lo que se esperaba, porque quizá bajo el recuerdo de lo que otro presidente hizo por su ciudad natal, ingeniero Azcona tema ser tildado de localista y prefiere no demostrar en exceso su amor por la patria chica. Al menos eso es lo que piensan algunos ceibeños, quienes desean que el presidente cambié de actitud, que ayude a su lar nativo porque la situación se torna desesperante.

Ellos no aspiran a que se les construyan bulevares porque ya los tienen; no buscan el establecimiento de centros académicos puesto que cuentan con varios de agua nivel educativo; tampoco quieren que se les haga enorme estadio (aunque lo necesitan); lo único que desean es que se les proporcione trabajo.

Para ello cuentan con la idea de establecer una zona libre, al igual que la tiene Puerto Cortés; pero se conforman con algo más modesto, con una infraestructura que les permita la instalación en algunos centros de trabajo que le permita a sus habitantes ganarse el diario sustento.

Para los ceibeños la industria de la maquila sería una gran solución para paliar la falta de empleos, puesto que cifras conservadoras indican que un treinta y cinco por ciento de la población activa no tiene una fuente fija de trabajo, lo cual es grave y tremendamente lamentable.

Este panorama que nos muestra el paulatino declive de una ciudad no es precisamente nuevo; tampoco es el primero que se presentan Honduras, ya que tenemos el ejemplo lejano de lo que fuera Porto Castilla, hoy en proceso de recuperación y el más próximo Tela, población también hermosa cuyo destino no quieren los ceibeños que se repitan ellos.

Con todo y sus dificultades, los habitantes de esta ciudad siguen luchando con denuedo; procuran salir adelante, pero el entusiasmo encuentra su talón de aquiles en las realidades circundantes.

Por eso apelan para que se les ayude, para que se les atienda una mano en estos instantes de incertidumbre y quieren ser lo que siempre han sido: un emporio de trabajo y alegría; una ciudad activa y emprendedora, que tiene un pasado realmente hermoso y ejemplar, pero que contempla su presente y su futuro con pesimismo, casi diríamos que bajo el prisma del desencanto.

Por eso es preciso hacer por La Ceiba todo lo que sea posible. Un hijo suyo es el presidente de la nación que en alguna medida puede impulsar ese desarrollo, que no sería vano ni inoficioso, sino que redundaría, sin duda, en el progreso integral de Honduras.

La Prensa/6 de octubre de 1987

[Si se llega a formar]:
GOBIERNO ARARÁ MANOS A COMISIÓN DE RECONCILIACIÓN ANUNCIA AZCONA

- *Palma Carrasco no le llega ni al tobillo a Corrales Padilla, afirma*

El Consejo Nacional de Seguridad podría tomar esta semana la decisión de integrar la Comisión Nacional de Reconciliación contemplada en el acuerdo de paz suscrito por los presidentes Centroamericanos el pasado siete de agosto en Guatemala.

El presidente José Azcona Hoyo dijo ayer que no es cierto que las Fuerzas Armadas se opongan a la integración de esa comisión, sino que el gobierno en general cree que en el país no hay profundas divisiones entre la familia hondureña.

"La comisión se puede formar para llenar la condición y para que no digan que Honduras se opone a cumplir con el compromiso de Guatemala, pero tampoco se va a meter en todo lo que la gente cree", agregó el presidente.

Sostuvo que la comisión no hará absolutamente nada porque el gobierno no permitirá que se investiguen hechos pasados como las violaciones a los derechos humanos y los casos de desaparecidos.

Azcona expresó que la comisión no podrá ir a buscar amnistía para los presos políticos porque esa gracia fue concedida al año pasado ni tampoco podrá hablar con los alzados en armas porque en Honduras no hay.

La Comisión de Reconciliación Nacional no podrá investigar actos pasados de desaparecidos porque el gobierno no lo permitirá, anunció el Presidente. (Foto Serrano).

El mandatario se refirió particularmente a lo aseverado por el presidente de la Democracia Cristiana, Rubén Palma Carrasco, quien habría hablado de la posibilidad de que se investigaran los casos de desaparecidos y de abusos de autoridad.

"Ese señor (Palma) se permitió el otro día insultar al presidente de la República, pero debería saber que él no le llega ni al tobillo al excandidato de la Democracia Cristiana, Hernán Corrales Padilla", sostuvo.

Tras señalar a Palma como "una persona que únicamente anda viendo qué pesca en política", Azcona dijo que si se forma una comisión no excederá las funciones que le asigna el acuerdo de Guatemala.

El Heraldo/6 de octubre de 1987

NIEGA DIFERENCIAS CON EL GENERAL REGALADO H.

El presidente Azcona negó en sus declaraciones de ayer que se haya producido un atentado criminal en su contra al momento en que abandonaba el Estadio Nacional el viernes por la noche.

"Lo que sucedió es que cuando bajábamos del Estadio habían unos muchachos con sus tragos que le lanzaron un puñetazo a un miembro de la Guardia Presidencial, pero allí no más aclaró todo", explicó.

El mandatario dijo que los jóvenes fueron puestos en libertad inmediatamente que rindieron una declaración y que allí terminó todo el incidente.

Sobre su ausencia los actos de celebración del Soldado Hondureño, Azcona señaló que las Fuerzas Armadas decidieron conmemorar la fecha en todas las unidades militares y no podía hacerse presente en todas, por lo que no concurrió a ninguna.

El gobernante negó que hayan diferencias entre su persona y el comandante las Fuerzas Armadas, general Humberto Regalado Hernández, y expresó que en horas de la noche sí concurrió a una recepción en honor a la fecha de nacimiento del general Francisco Morazán.

La Prensa/6 de octubre de 1987

CALLEJAS DEMANDA AL PRESIDENTE FORMAR JUNTA DE RECONCILIACIÓN

- *Malversadores de fondos durante administración anterior deben ir a la cárcel, sugiere*

El Partido Nacional demandó ayer oficialmente al presidente Azcona Hoyo la creación de la Comisión Nacional de Reconciliación a efecto de cumplir con el acuerdo de paz suscrito por los mandatarios de la región el pasado siete de agosto en Guatemala.

El anuncio lo hizo ayer en conferencia de prensa es máximo líder del principal partido de la oposición Rafael Leonardo Callejas, luego de retornar de una gira por Europa, donde firmaron su adhesión a la Unión Democrática Internacional, que aglutina a todos los partidos conservadores del mundo.

El aspirante presidencial tras señalar que el Partido Nacional está dispuesto integrarse de la comisión en referencia, precisó que por el "bien de la paz centroamericana debe cumplirse con el espíritu y el mandato" suscrito en Guatemala.

Dijo que el nacionalismo respalda el plan de paz conocido como "Esquipulas II" y posteriormente demandó al régimen de Azcona Hoyo cumplir con lo pactado el siete de agosto.

TRES POR CIENTO PARA CORTE

Por otra parte, el presidente del Comité Central Nacionalista anunció que mantendrán una posición "firme y beligerante" para que el Congreso Nacional apruebe el 3 por ciento para la Corte Suprema de Justicia, tal como lo ordena la Constitución de la República.

En el proyecto el presupuesto del Poder Ejecutivo para el próximo año fiscal, si le asigna a la Corte únicamente 22 millones 260 mil lempiras. De acuerdo a la Constitución, le tocaría en 28 millones en desembolsos graduales que completarían el 3 por ciento hasta 1989.

"El tres por ciento es un mandato constitucional y los diputados han jurado cumplir con la ley", sentenció Callejas, y aseguró que ello no incrementará el déficit fiscal y el gasto corriente como dijo ayer el presidente de Azcona Hoyo.

Precisó que el actual régimen no debe buscar reducir el gasto corriente violentando la ley, y añadió que el problema básico del gobierno radica en que ha incrementado su presupuesto para el año entrante en más de 200 millones de lempiras.

A juicio del dirigente político, qué ocurre es que el gobierno adolece de una clara perspectiva económica para el próximo año, y citó como caso concreto el incremento del presupuesto.

De izquierda a derecha Oscar Escalante, Maro Rivera López, Carlos Medina, Rafael Leonardo Callejas, Mario Aguilar y Ofelia Bográn de Rodríguez, durante la conferencia de prensa de ayer. (Foto Serrano).

A LA CÁRCEL LOS MALVERSADORES

En relación al informe de la Contraloría General de la República sobre los dos últimos meses del mandato de Roberto Suazo Córdova, Callejas fue tajante en afirmar que aquellos que se han "enriquecido o mal gastado los recursos del Estado deben ser juzgados por los organismos respectivos, y si se encuentran culpables trasladarlos a las cárceles de la república".

De acuerdo al líder del nacionalismo, el reglamento de la Contraloría y la ley del Enriquecimiento Ilícito deben de aplicarse en su "total magnitud", y agregó que cuando ellos exigen el cumplimiento de las ley es porque están decididos a someterse a ella.

En la conferencia de prensa, Callejas fue acompañado por el presidente de la Comisión Política del nacionalismo, Mario Rivera López, y otros dirigentes como Mario Aguilar González, Marco Tulio Gutiérrez, Ofelia Bográn de Rodríguez y Carlos Medina.

El Heraldo/6 de octubre de 1987

En la capital
INICIAN PROYECTO DE REFORESTACIÓN

TEGUCIGALPA. –El presidente José Azcona, inauguró en compañía del alcalde Rodimiro Zelaya, una ambiciosa campaña de arborización que pretende la siembra de 750 mil plantas en los próximos tres años en esta ciudad.

Acompañaron al presidente Azcona, además del jefe de la comuna capitalina, el ministro de Cultura y Turismo, Arturo Rendón Pineda, la ministra de Educación Pública, Elisa Valle de Martínez Pavetti y el coordinador de la campaña, Edwin Handal.

El acto se desarrolló en el Boulevard a Toncontín, desvío a La Burrera en un área verde contigua a los puentes a desnivel que conectan el Boulevard de las Fuerzas Armadas.

El presidente Azcona, provisto de una pala, se encargó de sembrar el primer árbol con lo que se inició oficialmente la arborización.

En su alocución como responsable de la campaña de arborización, Edwin Handal dijo que ellos se han forjado como meta recuperar las áreas verdes y plantas en todos los lugares accesibles de la capital.

Señaló que en el mundo entero se destruye una zona verdosa tropical el tamaño del departamento de Olancho, cada año y Honduras no se ha quedado al margen de esta deforestación.

El presidente Azcona al inicio del proyecto.

*El Heraldo/*6 de octubre de 1987

ANUNCIA EL PRESIDENTE REDUCCIÓN DE EMPLEADOS EN MANTENIMIENTO Y CAMINOS

TEGUCIGALPA. – El presidente José Azcona Hoyo anunció ayer que su gobierno buscará la forma de reducir la Dirección General de Mantenimiento de Caminos y Aeropuertos porque absorbe mucho presupuesto en el pago de salarios de los trabajadores.

Azcona dijo que "no debería hacer tanta bulla" por el despido reciente de 8 a 10 personas de la Dirección de Mantenimiento, porque "siempre van a haber despidos, ya que allí hay mucha gente que no pasa haciendo nada, y creo que más bien tenemos que buscar la forma de reducir esa dirección, no este año, porque ya lo han agarrado por lo político, lo cual no es cierto".

Indicó que en la Dirección General de Mantenimiento están empleados de 6 a 8 mil trabajadores, y el presupuesto es aumentado todos los años.

Señaló que en ningún momento se han despedido a personas porque son simpatizantes del precandidato Carlos Flores Facussé, y "yo no sé quién voto por Carlos Flores o quién voto por los otros precandidatos, esas son cosas que no debería hacerse tanta bulla".

Por su parte, el director general de Mantenimiento, ingeniero Ángel Núñez Cerritos, expresó que el 70 por ciento de las personas que laboran en esa dependencia de SECOPT son simpatizantes del ingeniero Flores Facussé, y que los despidos no se hacen por sectarismo político sino porque son prácticamente "paracaidistas". (TDG).

*Tiempo/*6 de octubre de 1987

INCONGRUENTE LA POSICIÓN DE CALLEJAS SOBRE EL PRESUPUESTO

El presidente José Azcona Hoyo anunció ayer reformas a algunas leyes tributarias para incrementar los ingresos del Estado y poder financiar parte del déficit fiscal, pero seguro que no creara nuevos impuestos.

Indicó que la posición del presidente del Comité Central del Partido Nacional, Rafael Leonardo callejas, de oponerse a que se incrementa el presupuesto del Poder Judicial es "incongruente" con lo que se ha dicho de que no aprobarán presupuestos deficitarios.

"Aquí hay que enfocar las cosas en una sola dirección, indicó, o todos estamos de acuerdo en reducir gastos o todos estamos de acuerdo en aprovechar cualquier situación para actos políticos".

"Por un lado decimos que el presupuesto es deficitario y que hay que reducirlo, no podemos decir por otro lado que hay que aumentarle el presupuesto a la Corte Suprema, aunque ya se le ha incrementado", expresó.

Respecto al déficit del presupuesto de la nación para el próximo año, Azcona dijo que anda más o menos igual que el de 1987 y que es inferior al de los presupuestos de 1982, 83 y 85.

En 1984 el déficit fiscal se redujo debido a la aprobación del Decreto 85-84 subiendo el impuesto sobre ventas y metiendo el 10 por ciento de servicios aduanales.

"La situación económica del país, explicó, no es peor que antes. Lo que pasa es que han habido más exigencias de parte de los sectores organizados que exigen más a los gobiernos constitucionales y hay que ayudarles, pero eso no es califica que el país va para atrás".

Afirmó que el crecimiento de los ingresos durante el presente año alcanzará un récord del 14 por ciento sin crear nuevos impuestos, aunque es posible que hayan reformas a algunas leyes tributarias.

Sin embargo, no específico qué leyes fiscales serán reformadas.

La Tribuna/6 de octubre de 1987

AZCONA ACCEDE AL FIN A CREAR COMISIÓN DE RECONCILIACIÓN

TEGUCIGALPA. – El presidente José Azcona Hoyo anunció ayer que en el transcurso de esta semana su gobierno creará la Comisión de Reconciliación Nacional, para que no se diga que Honduras se opone el cumplimiento de los compromisos establecidos en el acuerdo de paz de Guatemala.

Indicó que dicha Comisión en Honduras "no va hacer nada, pues tendrá otras funciones, y el que crea que la comisión se va a poner investigar, por ejemplo, hechos pasados o cosas así, está perdido, eso no lo vamos a permitir".

Azcona aseguró que las Fuerzas Armadas no se oponen a la creación de la Comisión de la Reconciliación Nacional, ya que el general Humberto Regalado Hernández "ha manifestado estrictamente lo que ha manifestado el canciller y el presidente de la República, de que en realidad el espíritu del acuerdo de Guatemala es muy claro que (esa comisión se creará) en aquellos países donde hayan habido profundas divisiones en su familia, y en Honduras no ha habido eso".

Sin embargo, dijo que está estudiando la posibilidad de crearla, pero que la misma no se va a "meter en todo lo que la gente cree", sino que tendrá que limitarse "estrictamente a lo que enmarca el acuerdo de Guatemala".

El mandatario expresó que cuando se integre la Comisión de Reconciliación Nacional y algunas personas reclamen la emisión de un decreto de amnistía, tendrán que "ir a buscar la amnistía que se dio el año pasado, entonces, ¿qué van a hacer? Nada".

Asimismo, dijo que en lo relacionado al diálogo con los alzados en armas, en Honduras "¿con quién van a hablar? ¿Quiénes son los alzados en armas? O sea que se puede crear esa comisión nada más para llenar la condición de que no se diga que Honduras se opone a cumplir esos compromisos".

El presidente Azcona manifestó su malestar con el presidente del Partido Demócrata Cristiano de Honduras (PDCH), Rubén Palma Carrasco, quien criticó al gobierno por su negativa a integrar la Comisión de Reconciliación Nacional.

Palma, según Azcona, insultó al presidente de la república porque "él está viendo a ver qué saca o pesca en política. El doctor Palma no le llega ni al tobillo al doctor Hernán Corrales Padilla (ex presidente del PDCH), Hernán Corrales Padilla, que es un hombre extraordinario, no pudo llevar a su partido al poder, mucho menos lo hará Palma ". (TDG).

AZCONA HOYO

Tiempo/6 de octubre de 1987

Año récord en ingresos fiscales será el 87

TEGUCIGALPA. – El crecimiento de la economía del país era un "récord" este año, y los ingresos llegarán a un 14 por ciento, nunca experimentado en años anteriores, declaró ayer el presidente José Azcona Hoyo.

Azcona señaló que pese a las exigencias económicas de algunos sectores, la situación económica no es peor que en años anteriores, lo que significa que el "país no va para atrás".

"El crecimiento de los ingresos este año va a llegar al 14 por ciento, y ese es un récord, porque nunca había habido un crecimiento tan alto de un año para otro y sin crear nuevos impuestos", expresó.

Al referirse a las medidas para reducir el déficit fiscal, el mandatario dijo que es difícil reducir el tamaño del gobierno, porque cuando se despide una persona, aunque sea con causa justificada, "empieza la prensa a echar Candela".

"Nosotros hemos mantenido el tamaño del gobierno, el presupuesto se ha aumentado más que todo por aquellos aspectos puramente compulsivos, y la verdad es que el presupuesto se ha manejado con mucho cuidado, pero ahora resulta que (algunos diputados) dicen que el presupuesto es deficitario, pero cuando le meten las cargas al fisco o le reducen los ingresos, no dicen esas cosas", agregó.

En cuanto al posible cierre de la suplidora nacional de productos básicos (BANASUPRO), el presidente Azcona anunció que se reunirá con la junta directiva y después con el Sindicato de esa institución, para ver qué se puede hacer, porque si los trabajadores "quieren que BANASUPRO persista, tiene que ser en base a un sacrificio de todos".

"Por ejemplo, que el sindicato se comprometa durante los próximos tres años a no pedir aumentos de sueldo, que la administración baje los sueldos, porque ya no es posible que cualquier institución descentralizada, para balancear su presupuesto, recurra al gobierno central, esto nos está creando muchos problemas", apuntó.

LAS COTIZACIONES AL IHSS TENDRÁN QUE ELEVARSE

Por otra parte, el presidente Azcona manifestó que "tarde o temprano" el Instituto Hondureño de Seguridad Social (IHSS) tendrá que subir el tope de las cotizaciones, porque "es muy difícil que a estas alturas a una persona o familia se le pueda dar toda la asistencia médica con 21 lempiras".

Indicó que cuando se fijó el tope de las cotizaciones hasta 600 lempiras, los subdirectores generales del IHSS ganaban 600 lempiras y el director general 800 o 900 lempiras, pero ahora esos salarios lo ganan hasta los conserjes, por lo que se hace necesario actualizar las cotizaciones. (TDG).

Tiempo/6 de octubre de 1987

TEGUCIGALPA REINICIA CONQUISTA DEL AMBIENTE

Con una meta de sembrar 750 mil arbolitos en los próximos tres años inicio ayer en Tegucigalpa un ambicioso proyecto de arborización que ha agrupado a distintos sectores de la capital, a fin de combatir el terrible mal que amenaza a la ciudad, cuyo medio ambiente ha sufrido las consecuencias de la creación de numerosas colonias y el creciente deterioro de la naturaleza. En la gráfica, el presidente Azcona planta uno de los arbolitos (Foto Salinas).

La Prensa/6 de octubre de 1987

Rafael Leonardo Callejas
AZCONA ESTÁ OBLIGADO A INTEGRAR LA COMISIÓN DE RECONCILIACIÓN

TEGUCIGALPA. – Rafael Leonardo Callejas, dijo que el presidente José Azcona, está obligado a integrar la Comisión de Reconciliación Nacional y que el Partido Nacional está dispuesto a enviar su terna.

Considera que para el bien de la paz centroamericana debe cumplirse con el espíritu y el mandato reflejado en la voluntad política de la reunión de presidentes que se celebra en Guatemala, señaló. Somos del criterio que nuestro gobernante debe cumplir con ese compromiso, y es que en realidad se anhela la paz en el área, pues mediante la palabra se logran los objetivos deseados.

Callejas dijo que la ley debe aplicarse en su magnitud total y que los que se han enriquecido con los dineros del pueblo, deben ir a la cárcel sin importar el partido político a que pertenezcan.

Se refirió el político a la investigación que se hace al doctor Roberto Suazo Córdova en sus gestiones administrativas, señalando que de encontrarse culpable debe ser sancionado por nuestras leyes, ya que no se debe seguir permitiendo que se despilfarren los dineros del pueblo por políticos de oficio que solo buscan hacerse ricos de la noche a la mañana.

Afirmó que los diputados nacionalistas están dispuestos a que se investigue a fondo a Suazo Córdoba, como otros que en sus gestiones estatales han saqueado el erario nacional.

Señaló que se debe revivir el caso de la Corporación Nacional de Inversiones (CONADI), para que Probidad Administrativa y la Contraloría General alojen pruebas.

Afirmó callejas debe incrementarse el presupuesto de la Corte Suprema de Justicia (CSJ) en siete millones de lempiras, pues la Constitución establece que le corresponde el tres por ciento al poder judicial, y sin embargo en el Congreso Nacional, se hacen los locos.

DEMÓCRATAS CONDENAN A SANDINISTAS

Por otra parte, Callejas anunció que, los líderes de los partidos afiliados a la Unión Democrática Internacional mediante un Acuerdo de Berlín condenan los continuos abusos del régimen sandinista contra los Derechos Humanos, como la represión que utilizan para consolidar su gobierno.

En la conferencia de Berlín los líderes de los partidos políticos afiliados a la más grande organización democrática, le dieron singular importancia a la conducta asumida por Nicaragua y su gobierno, al arrestar a dirigentes de los Derechos Humanos, días después de haber firmado el acuerdo Esquipulas II.

El líder nacionalista proporcionó ese documento firmado en la capital alemana, por el que el Partido Nacional se integra a la unión democrática internacional.

El Comité Central del Partido Nacional ofreció ayer una conferencia de prensa.

La Prensa/6 de octubre de 1987

162

AZCONA ACEPTA COMISIÓN DE RECONCILIACIÓN

- **Está perdido el que crea que va investigar hechos del pasado**
- **Palma no le llega ni a los tobillos a Corrales Padilla**

El presidente José Azcona anunció ayer que será creada la Comisión Nacional de Reconciliación, pero "únicamente para tratar los asuntos del acuerdo de Guatemala y no para investigar hechos pasados", porque no lo va a permitir.

El mandatario negó que las Fuerzas Armadas se opongan a la creación de esa comisión contemplada en el Acuerdo Esquipulas II, al tiempo que reiteró que la misma era para aquellos países donde han habido profundas divisiones en su familia.

"En Honduras no ha habido odios. Estamos estudiando su creación y creo que se realizará, pero esa comisión no es que se va a meter en todo lo que la gente cree. Fuera de lo que se acordó en Guatemala, no tendrá funciones esa comisión", expresó.

Azcona sostuvo que en la realidad la comisión no hará nada, porque aquí ya se dio una amnistía el año pasado, no podrán hablar con los alzados en armas porque no existen.

"La comisión, dijo se puede crear nada más para llenar la condición de que no digan que Honduras se opone a cumplir esos compromisos".

"El que crea que porque se va a crear la comisión, ésta se va a poner a investigar hechos pasados, está perdido, porque eso no lo vamos a permitir. La comisión será estrictamente para tratar lo que se enmarca en los acuerdos de Guatemala", manifestó.

El gobernante fustigó al presidente del Partido Demócrata Cristiano de Honduras (PDCH), Rubén Palma, porque reclama la creación de la Comisión de Reconciliación Nacional para asuntos que se contemplan en los acuerdos de Guatemala.

"El otro día Palma hasta se permitió insultar al presidente de la República y está viendo qué pesca en política con eso de la comisión. Palma no le llega ni a los tobillos al doctor Hernán Corrales Padilla y si éste no pudo hacer nada en su partido, cuando fue candidato presidencial, mucho menos hará el doctor Palma", comentó.

La Tribuna/6 de octubre de 1987

SACRIFICIO PIDE PRESIDENTE AL PERSONAL DE BANASUPRO

El mandatario José Azcona pidió ayer a los ejecutivos y trabajadores de la Suplidora Nacional de Productos Básicos (BANASUPRO) que hagan un sacrificio en cuanto a sus ingresos salariales para poder salvar esa institución que está a punto de cerrar.

"Vamos a tener una reunión con la junta directiva de BANASUPRO y vamos a hablar qué se puede hacer. Después platicaré con los trabajadores y si ellos quieren que la institución continúe tendrá que ser en base a un sacrificio de todos", expresó.

El gobernante sostuvo que para salvar el cierre a esa dependencia se tendrán que sacrificar los administradores, los trabajadores y que el sindicato se comprometa en tres años a no pedir aumento de sueldo y bajar los salarios a los ejecutivos.

"Ya no es posible, comentó, que cualquier institución descentralizada para balancear su presupuesto recurra al gobierno central porque eso nos está causando muchos problemas y estamos tratando de corregir ese tipo de cosas que vienen desde el pasado ".

La reunión del presidente con el SITRABANASUPRO se realizará hoy, mientras se ha programado una manifestación para el próximo jueves con la participación de organizaciones afiliadas a la Central General de Trabajadores (CGT), como presión para evitar el cierre de la suplidora.

*La Tribuna/*6 de octubre de 1987

16% DEL TERRITORIO VA PARA DESIERTO

- *5.5 millones de metros cúbicos de leña al año consume el país*
- *Inauguran arborización capitalina*

Un 16 por ciento del territorio hondureño se encuentra en proceso de desertificación, afirmó ayer el presidente José Azcona durante los actos de inauguración del Proyecto de Arborización de Tegucigalpa (PROARBOL).

El presidente José Azcona planta una palma, tras informar que un 16 por ciento del territorio hondureño va en camino a la desertificación. (Foto de Mario Fajardo).

El mandatario dijo que "en las últimas dos décadas nuestra capital ha experimentado un crecimiento demográfico tan acelerado que no ha sido congruente con su capacidad de desarrollo económico y, por esa razón, su alta periferia de montañas y las bajuras de sus ríos se han convertido en zonas marginadas".

Destacó que los recursos naturales de Honduras han sido abundantes, pero que en los últimos años han sufrido una merma considerable debido a diversos factores, entre ellos el crecimiento de la población que demanda de más tierra para la agricultura y la ganadería.

"El consumo de leña sólo en la capital, señaló, alcanza una cifra de 281 mil toneladas por año destina a un 41.1 por ciento de la población. En todo el país esto representa un gasto de 5.5 millones de metros cúbicos de leña por año".

El mandatario aseguró que la pérdida de los árboles latifoliados es de 35 por ciento equivalente a 70 mil hectáreas por año, y que en los últimos 20 años la superficie de pino se ha reducido en un 20 por ciento que representa una merma de 400 mil hectáreas.

Por su parte, el coordinador de PROARBOL, Edwin Handal, dijo que en Honduras está destruida casi la totalidad de las reservas forestales y que ahora corresponde a los capitalinos resembrando 750 mil nuevos árboles.

Finalmente, el alcalde municipal, Rodimiro Zelaya, expresó que los capitalinos "hemos arremetido con furia contra nuestros pinos, destruyendo lo que más necesitamos, cavando nuestra propia fosa ecológica".

Las palmas plantadas ayer en el bulevar Fuerzas Armadas, en la iniciación del proyecto de arborización de Tegucigalpa. (Foto de Mario Fajardo).

La Tribuna/6 de octubre de 1987

Asegura el mandatario
SOLO SON OCHO O DIEZ LOS DESPEDIDOS

El presidente José Azcona advirtió ayer que en algunas dependencias del Estado siempre habrá despidos, pero negó que las destituciones de empleados públicos, principalmente en el Ministerio de Comunicaciones, Obras Públicas y Transporte tengan motivos políticos.

"Sólo han habido 8 o 10 despidos en la Dirección General de Mantenimiento de Caminos, que no es gran cosa, porque en esa dependencia hay unos 6.000 u 8.000 empleados", indicó.

El mandatario afirmó que "ningún despido obedece a cuestiones políticas, ni mucho menos porque votaron por Carlos Flores. "Yo no sé quién voto por Carlos Flores o los otros candidatos. Esas son cosas sobre las cuales no debería hacerse tanta bulla".

"Siempre tienen que haber despidos, señaló, porque allí (en Mantenimiento) hay mucha gente que no pasa haciendo nada y tenemos que buscar la forma de reducir esa dirección el próximo año, porque el presupuesto de jornal ha crecido demasiado".

Azcona dijo que resulta muy difícil reducir el tamaño de un gobierno porque cuando se despide un empleado, "la prensa echa candela".

Indicó que el presupuesto de 1988 se manejará con sumo cuidado, puesto que hay muchas demandas de mejoras salariales como la de los maestros, para los cuales mantienes oferta de otorgarles 75 millones de lempiras en cinco años.

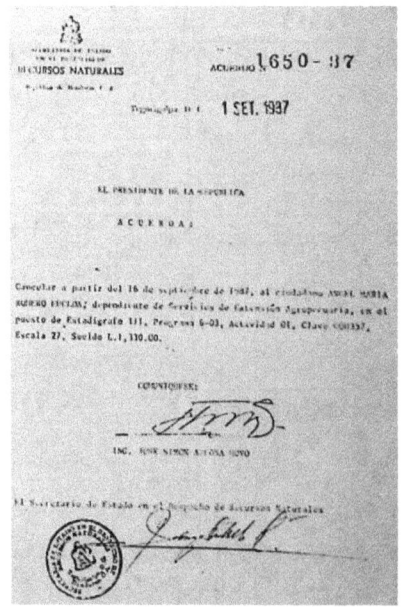

El presidente José Azcona en declaraciones ofrecidas ayer a la prensa nacional reiteró que se están efectuando varios despidos en varias oficinas del gobierno. Sin embargo, sostiene que el número de despedidos es "poquito" en relación al total de los empleados públicos. Preguntado sobre si esto era actitud revanchista, explicó el presidente, que ellos no saben quiénes votaron en las internas por otros movimientos políticos. No obstante, la casualidad es que entre los despedidos no figura ningún militante de ninguno de los movimientos oficialistas. Y también es una coincidencia que todos los despedidos son liberales. En el puesto del destituido Ángel Romero, colocaron a la esposa de Pompilio Romero Martínez, representante del P.L al T.N.E.

La Tribuna/6 de octubre de 1987

YA NO SE CERRARÁ BANASUPRO

TEGUCIGALPA. – El anunciado del cierre de la Suplidora Nacional de Productos Básicos (BANASUPRO), queda definitivamente descartado al concluir una larga reunión ayer entre el presidente Azcona, dirigente de la Central General de Trabajadores (CGT) y la junta directiva de la institución.

Durante casi toda la mañana el gobernante analizó la situación económica del organismo comprometiéndose en no cerrarlo, dado el servicio que presta a miles de hondureños.

Según informo Marco Tulio Cruz, secretario general de la CGT, Azcona otorgará un subsidio de medio millón de lempiras a BANASUPRO como una inyección económica que servirá para mejorar su funcionamiento.

Pero es de subsidio se materializará una vez que el gobierno a través de la junta directiva de la entidad haya concluido una revisión general en la administración que abarcará los salarios de algunos trabajadores especialmente el del personal de confianza.

En recientes declaraciones, el gobernante expresó que al no cerrar BANASUPRO habría que hacer un sacrificio conjunto tanto el gobierno como los empleados, muchos de los cuales sufrirán disminución en los salarios que devengan.

El dirigente obrero dijo también que se descarta la privatización de la entidad estatal, medida que se había anunciado por ciertos sectores interesados en que pasara BANASUPRO a manos de la empresa privada o de los mismos trabajadores.

Añadió que el compromiso de los sindicalistas con el gobierno es permitir que se haga la revisión salarial "no de los trabajadores en sí, sino de la burocracia que ahí existe".

Además, se analizará el funcionamiento de algunos centros de BANASUPRO para determinar si operan debidamente. El dirigente de la CGT no específico que medida se tomará dependiendo del resultado de la investigación.

"En definitiva, BANASUPRO, ya no sé cerrará, porque así nos lo ha manifestado el señor presidente y nosotros le tomamos la palabra", afirmó Cruz.

La organización obrera había anunciado algunas manifestaciones, en protesta ante el inminente cierre de BANASUPRO, pero ante la resolución que se tomó ayer, se convocó a una reunión del comité ejecutivo para analizar la medida del gobierno.

OTROS COMPROMISOS

En el encuentro de ayer el presidente de la República también se comprometió a buscar solución a problemas laborales existentes en el ingenio azucarero de Cantarranas y la necesidad de reiniciar el diálogo entre las autoridades del Instituto Nacional Agrario y el sindicato quienes mantuvieron un enfrentamiento a principios de año.

En relación al incremento de salarios que viene solicitando las enfermedades también Azcona Hoyo estudiará sus demandas, según el secretario general de la CGT.

El Movimiento Nacional de Maestros, que también están afiliados a la organización obrera, será recibido hoy.

El gobierno ha ofrecido a los maestros 75 millones de lempiras diferidos en cinco años como incrementos salariales, que serían implementados en el Estatuto Docente Hondureño, pero el movimiento magisterial ha pedido que acepte la oferta condiciona a que su distribución no sea en cinco años, si no en tres.

Azcona también se comprometió a gestionar la libertad de varios trabajadores de la Corporación Nacional de Desarrollo Forestal afiliados al SITRACOHDEFOR.

En una reunión entre la CGT y el presidente Azcona se determinó que ya no se cerrará BANASUPRO. (Foto de Aulberto Salinas).

La Prensa/7 de octubre de 1987

EL MARTES VIAJA AZCONA A LOS ESTADOS UNIDOS

TEGUCIGALPA. – El abogado Lisandro Quezada, portavoz presidencial confirmó ayer el viaje del gobernante de José Azcona a Estados Unidos, el próximo martes, 20 de octubre, donde se entrevistará con su homólogo Ronald Reagan.

El mandatario saldrá con dirección a Louisiana para entrevistarse en ese lugar con un grupo de empresarios norteamericanos interesados en hacer inversiones en Honduras.

Al día siguiente, el miércoles 21, se entrevistará con Reagan para discutir la problemática centroamericana y la implementación de los compromisos suscritos en Guatemala plasmados en el documento denominado "Procedimiento para establecer la paz firme y duradera en Centro América".

Aún no se sabe cuántos días permanecerá el mandatario en los Estados Unidos, ni se conoce la comitiva que le acompañará.

La Prensa/7 de octubre de 1987

DEBILIDAD Y FRUSTRACIÓN, OFENSAS DE AZCONA: PALMA

TEGUCGALPA. – El máximo dirigente demócrata cristiano Rubén Palma Carrasco atribuyó a "debilidad y frustración" las ofensas lanzadas en su contra por el presidente José Azcona al decir que él no le llega ni a los tobillos al fracasado aspirante presidencial Hernán Corrales Padilla.

Palma dijo que "el peor error de Azcona es no aceptar la crítica y adoptar mecanismos de defensa" como la ofensa, lo cual refleja "debilidad, frustración e inseguridad".

El médico dijo que Azcona "no se da cuenta que la constitución lo obliga a apoyar las iniciativas de paz y a rechazar la guerra".

Dijo que en este momento Azcona tiene la oportunidad de despojarse de "las cadenas de los Estados Unidos y las Fuerzas Armadas" y reivindicar su gobierno y al país.

Indicó que Azcona "está a la altura de ser un buen gobernante" pero que tiende a rechazar las críticas con "ofensas". Dijo que Azcona debe recordar que él es el Presidente y por consiguiente tiene que comportarse a la altura de su alta investidura.

Dijo que no solo él ha hecho críticas al gobierno, sino que otros sectores organizados del país.

Tiempo/7 de octubre de 1987

AZCONA A WASHINGTON A VERSE CON REAGAN

TEGUCIGALPA. – El presidente José Azcona Hoyo viajará a Washington el 20 de este mes, para entrevistarse con el presidente Ronald Reagan, y el 22 estará presente en la Conferencia Económica de la Cuenca del Caribe que se llevará a cabo en Mobile, Alabama.

El anuncio fue hecho ayer por el jefe de Información de la Casa Presidencial, Marco Tulio Romero, quien dijo que hasta el momento se desconoce los temas que el presidente Azcona tratará con Reagan.

En la Conferencia Económica el presidente Azcona tratará estrechar las relaciones comerciales entre Honduras y los Estados Unidos, para darle auge a las exportaciones de productos agrícolas. (TDG).

*Tiempo/*7 de octubre de 1987

NO MÁS DESPIDOS PEDIRÁN A AZCONA

TEGUCIGALPA. – El Movimiento Liberal Florista, no está dispuesto a acatar la convocatoria para que se reúna la gran Convención del Partido Liberal en las fechas del 4, 5 y 6 de diciembre del año en curso, dijo Carlos Flores, indicando que se reunirá próximamente con Jorge Roberto Maradiaga y Ramón Villeda Bermúdez, para decidir si se rechaza esta convocatoria.

Añadió que, si llegan a un acuerdo, promoverá una convocatoria con carácter de extraordinaria para reunir la convención.

En la reunión del florismo tentativamente se habló de celebrar la convocatoria para la segunda quincena del mes de noviembre.

CARTA AL PRESIDENTE AZCONA

Flores Facussé dijo que, con instrucciones de su movimiento, enviará una carta al presidente Azcona para que ordene a sus subalternos que se dejen de perseguir a los liberales que votaron por el florismo en las pasadas elecciones.

El dirigente puso en duda la palabra del presidente José Azcona quien en declaraciones a los medios dijo que los despidos apenas afectaban a ocho personas.

Flores señaló que en muchos ministerios existían listados de personas que por el solo hecho de militar en su movimiento son perseguidos.

Se mostró en desacuerdo con los argumentos que incluyen en las notas de despidos "eso no es personal numerario" dijo, al referirse a esta justificación, agregando lo contradictorio que resulta lanzar un liberal a la calle y colocar un activista de la corriente oficialista (Movimiento de Montoya).

En cuanto a la futura línea de conducta que asumirá al tomar el poder del Partido Liberal, con respecto a la administración Azcona, Flores dijo que no promoverá despidos.

Advirtió que cuando lance su campaña, dejará a su suplente Rafael Pineda Ponce en la conducción del partido, esperando que igual actitud asuman Montoya, Maradiaga y Villeda Bermúdez.

Finalmente dijo que en la gran Convención del Partido Liberal, solicitará que se nombre un consejo asesor que podría estar integrado por Enrique Ortez Colindres, William Hall Rivera y Jorge Arturo Reina, así como de otros miembros notables de las corrientes que participaron en la pasada elección.

La Prensa/7 de octubre de 1987

BANASUPROS SEGUIRÁN OPERANDO CON SUBSIDIO DE MEDIO MILLÓN DE LEMPIRAS

El presidente José Azcona Hoyo prometió ayer a los dirigentes sindicales que ya no cerrará la Suplidora Nacional de Productos Básicos (BANASUPRO), y que más bien le otorgará un subsidio de medio millón de lempiras para que mejore su situación económica.

Azcona se reunió con los directivos del Sindicato de BANASUPRO y de la Central General de Trabajadores (CGT), para analizar la forma de que esta institución siga operando.

El secretario general de la CGT, Marco Tulio Cruz, dijo que la reunión "fue positiva, porque el presidente Azcona se ha comprometido hacer una revisión con la junta directiva de BANASUPRO y posteriormente con el Sindicato, para llegar a un acuerdo de no cerrar esa institución. Se ha comprometido a no cerrarlo y a darle un subsidio de unos 500 mil lempiras después de la revisión que se haga".

En cuanto el sacrificio que harán los trabajadores para que no se cierre BANASUPRO, el dirigente sindical expresó que "nosotros lo que tenemos que dar es hacer una revisión, ver los salarios no de los trabajadores sino de la burocracia, ver algunos centros de BANASUPRO, si están operando bien".

El presidente José Azcona conjuntamente con dirigentes sindicales decidieron no cerrar los BANASUPROS.

Según Cruz, el déficit fiscal no se aumenta con el subsidio que se le dará a BANASUPRO, "porque en las campañas políticas de gasta más de medio millón y eso no ha contribuido al incremento del déficit fiscal, yo creo que 500 mil lempiras en relación a los millones que se gastaron en las campañas política, son centavos".

Los dirigentes de la CGT expusieron también los problemas de los sindicatos de enfermeras, del Instituto Nacional Agrario (INA) y de la Corporación Hondureña de Desarrollo Forestal (COHDEFOR).

En el caso del sindicato del INA, el presidente Azcona se comprometió a hablar con el ministro de Trabajo, Adalberto Discua Rodríguez, para que agilice el trámite de mediación, y en cuanto al aumento salarial que exigen las enfermeras, se comunicará con el ministro de Salud, Rubén Villeda Bermúdez, para que satisfaga esa petición. (TDG).

*Tiempo/*7 de octubre de 1987

Palma Carrasco:

AZCONA RECURRE A LA OFENSA Y ESE ES UN SIGNO DE DEBILIDAD

El presidente del Partido Demócrata Cristiano, Rubén Palma Carrasco, dijo ayer que uno de los peores errores del mandatario José Azcona Hoyo es que no le gusta aceptar la crítica, por lo cual recurre a la ofensa.

Azcona Hoyo, en declaraciones brindadas el lunes, se mostró molesto con el presidente de la Democracia Cristiana es refiriéndose a éste dijo "ese señor Palma se permitió el otro día insultar al presidente de la República, pero debería saber que él no le llega ni al tobillo al ex candidato presidencial Hernán Corrales Padilla".

Lo anterior no le agradó mucho el doctor Rubén Palma, pues a una radio capitalina declaró que la ofensa, mecanismo al que según el recurre el mandatario, "un signo de debilidad, frustración e inseguridad".

Según Palma Carrasco, Azcona no se ha dado cuenta que la Constitución de la República lo obliga a apoyar la paz y evitar la guerra.

El presidente de la DC en los últimos días ha cuestionado al actual gobierno por no integrar la Comisión de Reconciliación Nacional.

"El presidente Azcona Hoyo tiene una oportunidad con Esquipulas II para desatarse de las cadenas de los Estados Unidos y las Fuerzas Armadas, que son los que lo tienen atado", expresó Palma Carrasco.

A pesar de los cuestionamientos hechos por el presidente de la República contra su persona, Palma Carrasco cree que el mandatario está en condiciones de ser un buen gobernante, pero para ello debe darse cuenta quienes son sus amigos y sus enemigos.

Finalmente, el presidente del Partido Democristiano dijo que "el ingeniero Azcona Hoyo debe recordar que él es el presidente de Honduras, en buena o mala forma, y por consiguiente tiene que comportarse a la altura".

*El Heraldo/*7 de octubre de 1987

AZCONA Y REAGAN SE REUNIRÁN EL 21 DE OCTUBRE EN WASHINGTON

El presidente José Azcona Hoyo viajará el próximo martes 20 de octubre a Washington para sostener conversaciones un día después con su colega norteamericano, Ronald Reagan.

La información fue confirmada ayer por el vocero presidencial, Marco Tulio Romero, quien añadió que Azcona se desplazará el día 22 hacia la población de Mobile, Alabama, para participar en un encuentro empresarial.

Romero señaló que de momento se desconoce quiénes integrarán la comitiva que acompañará al presidente Azcona, al igual que los puntos a incluirse en la agenda que desarrollará en la Casa Blanca.

Sin embargo, se presume que las conversaciones girarán en torno al Procedimiento para la Paz Centroamericana suscrito el pasado siete de agosto en Guatemala por los presidentes de la región.

La reunión Azcona-Reagan se llevará a cabo pocos días antes de que comiencen a ejecutarse los compromisos contraídos en el documento Esquipulas II, el cual es objetado por la administración norteamericana.

En Mobile, Alabama, el presidente participará en una reunión de la Cámara bilateral que han formado empresarios locales y de Honduras para promover el mutuo intercambio comercial.

El Heraldo/7 de octubre de 1987

REINTEGRAR DESPEDIDOS SOLICITA MOVIMIENTO FLORISTA A AZCONA

Tegucigalpa, D.C., 6 de octubre de 1987

Señor presidente constitucional de la república
Ingeniero JOSE SIMÓN AZCONA HOYO
Casa Presidencial

Señor presidente:
Correligionarios y amigos nuestros que prestan sus servicios en diferentes dependencias de la Administración Pública, nos manifiestan su preocupación por los insistentes rumores que corren en sus centros de trabajo, en relación con el manifiesto propósito que advierten de parte de sus jefes, en el sentido que muy pronto serán separados de sus cargos, con grave perjuicio para ellos y sus familiares.

Lo que más preocupa en este asunto es que los despidos van dirigidos contra compatriotas que en las recién pasadas elecciones internas del Partido Liberal, no votaron por las corrientes del oficialismo, situación que significaría una actitud nada constructiva del gobierno que usted preside por voluntad del liberalismo. Aún cuando usted ha manifestado que el despido obedece a eliminación de personal "supernumerario", se advierte que en las plazas de los cesantes se coloca inmediatamente simpatizantes o activistas de los movimientos políticos afines a la línea de gobierno.

Como se lo hemos expresado en otras oportunidades, señor presidente, las acciones las puede ejecutar cualquier subalterno quizá sin su autorización, pero la responsabilidad final recaerá usted y por lo tanto es su deber corregir las irregularidades.

Esperamos, ingeniero Azcona, que a la mayor brevedad posible, gire instrucciones precisas para el reintegro de los compatriotas despedidos por razones sectarias y que se pare la persecución sicológica y la elaboración de listas de candidatos a ser separados de sus cargos, por no simpatizar con los grupos oficialistas.

Ratificamos a usted las muestras permanentes de nuestra especial consideración y respeto.

CONSEJO CENTRAL COORDINADOR
MOVIMIENTO LIBERAL FLORISTA

La Tribuna/7 de octubre de 1987

NO CERRARÁN BANASUPRO

El presidente de la República José Azcona Hoyo, se reunió ayer con los dirigentes de la Central Nacional de Trabajadores (CGT) para decidir la suerte de la Suplidora Nacional de Productos Básicos (BANASUPRO). El final de la entrevista, el mandatario decidió no cerrar las tiendas populares y prometió otorgarles un subsidio de 500 mil lempiras para que revitalizan actividades. (Foto Alejandro Serrano).

El Heraldo/7 de octubre de 1987

PARTIDOS POLÍTICOS Y ORGANIZACIONES OBRERAS EXIGEN JUNTA DE RECONCILIACIÓN

El Movimiento de Convergencia por la Paz, la Democracia y el Desarrollo, conformado por todos los sectores de oposición del país, exigió ayer al presidente de la República, José Azcona Hoyo, que integre la Comisión de Reconciliación, tal como está prevista en el acuerdo de paz "Esquipulas II"

La posición de dicho grupo fue dada a conocer mediante un documento que se hizo publicó en la sede del Partido Demócrata Cristiano y que fue leído por el presidente de éste, Rubén Palma Carrasco.

Entre los dirigentes que asistieron están: Germán Leitzelar, del PINU; Nelson Ávila, del Colegio Hondureño de Economistas; Oscar Aníbal Puerto, CODEH; Carlos H. Reyes, de la FUTH, y Luciano Barrera de la CNTC, entre otros.

El documento consta de siete páginas y en una de sus partes exigen la integración de la Comisión de Reconciliación sobre los siguientes fundamentos: "por las declaraciones belicistas antinacionales que poderes civiles y militares han efectuado para no integrar la Comisión de Reconciliación que garantizaría el respeto irrestricto de todos los derechos civiles y políticos de los ciudadanos, convirtiéndose estas actitudes en verdaderas declaraciones de guerra que todos estamos obligados a repudiar".

Los del Movimiento de Convergencia por la Paz, la Democracia y el Desarrollo son del criterio que "si Honduras está realmente interesada en forjar una paz verdadera y permanente entre los pueblos centroamericanos, debe comenzar por integrar inmediatamente la Comisión Nacional de Reconciliación, tal como lo han hecho el resto de países hermanos".

Entre los argumentos que plantean los dirigentes para que se constituya dicha comisión está que "en Honduras se violan los derechos humanos por la institucionalización de la tortura, por la existencia de más de 150 detenidos y desaparecidos; por los asesinatos políticos y exiliados, por la existencia centenares de campesinos presos y el asesinato de los mismos, por los miles de prisioneros de la penitenciaría central que esperan desde hace varios años de sentencia, por los miles de refugiados y por la utilización de nuestro territorio por tropas irregulares y regulares", entre otros.

El documento agrega que el no cumplimiento a lo firmado por el presidente Azcona Hoyo en Guatemala, demostraría que no existe una real voluntad política de paz, y con ello se estaría irrespetando a todos los hondureños que supuestamente firmaron a través del mandatario.

A la administración Reagan le piden los del Movimiento por la Paz, la Democracia y el Desarrollo que "respete nuestros anhelos de paz, democracia y desarrollo y autodeterminación, apoyando la decisión libremente expresada por los cinco presidentes centroamericanos".

COMISIÓN DEBE PRESIDIRLA LA IGLESIA

De acuerdo a lo expresado por Rubén Palma, presidente del Partido Demócrata Cristiano, la Junta de Reconciliación debe estar presidida por la Iglesia Católica, por la fuerza moral que ésta tiene.

El criterio de Efraín Díaz Arrivillaga, diputado cristiano y firmante el documento, es que el presidente Azcona ha echado marcha atrás, cuando insiste en que no debe crearse la Comisión de

Reconciliación. "El no hacerlo significaría quedar aislados y desaprovechar además el momento histórico para que Honduras rescate su dignidad".

Nelson Ávila, secretario del Colegio de Economistas, dijo que ellos apoyan ese movimiento porque están de acuerdo en que se cree la Comisión de Reconciliación y además se oponen a la presencia de tropas irregulares y de las norteamericanas; "estamos por la paz y no por la guerra", expresó.

Miembros del Movimiento de Convergencia por la Paz, la Democracia y el Desarrollo, exigen en rueda de prensa que se instale la Comisión de Reconciliación Nacional (Foto Efraín Salgado).

*El Heraldo/*7 de octubre de 1987

AZCONA NO CERRARÁ LOS BANASUPROS

- *Es más, promete darle un subsidio de medio millón*

El presidente José Azcona Hoyo prometió ayer al Comité Ejecutivo de la Central General de Trabajadores (CGT) no cerrar los centros de venta de BANASUPRO.

La decisión el gobernante contradice lo afirmado por él mismo la semana anterior cuando señaló que ese organismo sería cerrado por improductivo y en un afán de reducir el déficit fiscal que afronta el gobierno.

Azcona no solamente decidió mantener abiertos los centros de venta, sino que también prometió a los trabajadores aprobar un subsidio de 500 mil lempiras para BANASUPRO.

Un día antes, el presidente había declarado que el gobierno no daría más subsidios por qué "ya no es posible que cualquier institución descentralizada recurra al gobierno central para balancear su presupuesto".

Al anunciar la decisión del gobierno, el secretario general de la CGT, Marco Tulio Cruz, sostuvo que el presidente se comprometió a hacer una revisión acerca del funcionamiento de BANASUPRO y posteriormente darle el subsidio.

"Esa revisión comprenderá el análisis de los salarios que devenga la burocracia de la institución y el estudio de la forma en que están operando algunos centros de venta", informó Cruz.

Añadió que la decisión del presidente no contribuye a incrementar el déficit fiscal porque "en las campañas políticas se gasta más de medio millón y por ello no hay desbalance en la economía".

"500 mil lempiras son centavos en comparación con lo que se gastó en la recién pasada campaña política del partido liberal", aseguró.

El dirigente sindical aseveró que el presidente Azcona tiene en poder un informe completo sobre la administración de BANASUPRO y perfectamente puede utilizar ese estudio para esclarecer algunas situaciones que se han presentado en esa institución.

Cruz señaló que la CGT ya no sé lanzará a las calles para impedir el cierre de BANASUPRO.

Finalmente, el dirigente sindical anuncio que el presidente Azcona se reunirá hoy con el Movimiento Nacional del Magisterio de Honduras (MONAMAH) para continuar estudiando lo relativo a las demandas salariales planteadas por ese gremio.

Al respecto, el mandatario dijo el lunes que la posición definitiva del gobierno es otorgarles un aumento de 75 millones a los maestros, pagaderos en un período de 5 años.

Reunión sostenida ayer por el Presidente con dirigentes de la CGT, en donde se tomó la decisión de no cerrar los centros BANASUPRO mediante una revisión de la burocracia de esa institución. (Foto Serrano).

*El Heraldo/*7 de octubre de 1987

BAÑO "TURCO" PARA AZCONA

Mientras el canciller de la república, Carlos López Contreras, sostenía en el foro mundial de las Naciones Unidas su reiterada decisión de abstenerse de integrar la junta de Reconciliación debido a que Honduras se ha mantenido al margen de las conmociones que abrazan a las restantes hermanas naciones del Istmo, excepción hecha de Costa Rica, el Presidente Azcona Hoyo transmitía informalmente en Tegucigalpa la posibilidad de que tal actitud sería revisada para proceder a la conformación de la discutida junta.

El Comandante en Jefe de las Fuerzas Armadas, general Humberto Regalado Hernández, declaró en La Ceiba que la Junta de Reconciliación no cabía en el esquema hondureño por las causas apuntadas por el canciller. ¿A qué se debe el cambio inesperado del presidente Azcona? Para muchos observadores consultados por EL HERALDO, su principal soporte, el Partido Nacional, había demandado de el la integración del referido organismo a través de su líder Rafael Leonardo Callejas. Si esto es así, el presidente Azcona ha entrado aún "baño turco" cuya permanencia en él lo desesperará hasta grados asombrosos...

*El Heraldo/*7 de octubre de 1987

[Editorial]
UN PASO SUSTANCIAL PARA CUMPLIR CON LOS COMPROMISOS PARA LA PAZ

El gobierno de Honduras ha terminado por comprenderlo ineludible de su compromiso de integrar la Comisión de Reconciliación Nacional en el proceso del restablecimiento de la paz en Centroamérica a través del tratado Esquipulas II.

El presidente de la República, ingeniero José Simón Azcona del Hoyo, declaró públicamente el lunes anterior su disposición de formar la antedicha Comisión en el curso de esta semana, respondiendo así a las reclamaciones internas que han sido generalizándose y arreciando en la misma medida que, oficialmente, se mostraba un rechazo al cumplimiento de la obligación.

Sorpresivamente, el Partido Nacional -que anteriormente se opuso de plano participar como oposición en una posible integración de la Comisión de Reconciliación Nacional- el mismo lunes se presentó ante el público como abanderado en la satisfacción de todas las obligaciones contenidas en el Acuerdo de Guatemala.

Mientras eso ocurría, el canciller Carlos López Contreras, de militancia nacionalista, insistía en la asamblea general de las Naciones Unidas en la posición de sustraer a Honduras del cumplimiento del Tratado, inventando interpretaciones imposibles de sustentar en el espíritu y la letra del instrumento firmado por los presidentes centroamericanos el 7 de agosto.

"El número y naturaleza de los compromisos asumidos no son iguales para todas las partes -decía el canciller de la ONU-, dependiendo de su especial situación política y social. Habrá gobierno que deberá cumplir con todos, otros como es el caso de Honduras, que ha logrado mantenerse sustraída a las conmociones sociales de sus vecinos, se han obligado a cumplir partes que les corresponden".

El presidente Azcona, sin embargo, ha dicho que la Comisión de Reconciliación Nacional en nuestro país sería meramente formal, y únicamente para no dar pie a críticas por incumplimiento. En su forma de entender, no hay materia suficiente para que la Comisión despliegue su actividad y, por lo tanto, no se le permitirá meterse "en todo lo que la gente cree".

Las funciones y objetivos de la Comisión de Reconciliación Nacional están delineadas en el Tratado Esquipulas II, aunque es comprensible que el énfasis variará en conformidad con la situación de cada país. Pero la Comisión de Reconciliación Nacional es un mecanismo de suma importancia para el buen desempeño de la Comisión Internacional de Verificación y Seguimiento, que es el organismo encargado de constatar y supervisar el cumplimiento de los compromisos contenidos en el Acuerdo de Guatemala.

La Comisión Internacional de Verificación y Seguimiento tiene, entre otras facultades y de acuerdo con el documento de los representantes Ad-Hoc de la CIVS surgido de su reunión en Managua los días 17 y 18 de septiembre, las siguientes:

"En materia del cese del fuego, cese del apoyo externo a fuerzas irregulares o a los movimientos insurreccionales y no uso del territorio de un Estado para agredir a otros Estados, la Comisión podrá, además de adoptar los mecanismos que estime convenientes, solicitar los servicios de las Naciones Unidas y de la Organización de los Estados Americanos, según fueron mencionados por los Secretarios Generales de ambas Organizaciones en su Aide-Memoire del 18 de noviembre de 1986".

"La CIVS podrá cumplir su cometido mediante inspecciones in situ, así como a través de comunicaciones y consultas regulares con la Comisión Ejecutiva y las Comisiones Nacionales de Reconciliación correspondientes".

Menos mal que el canciller López Contreras ha comprometido ante la asamblea general de la ONU a que el gobierno de Honduras dé todas las disposiciones para que "la Comisión Internacional de Verificación y Seguimiento cuente con el apoyo y facilidades necesarias para cumplir con su cometido", lo cual implica, sin duda, un tratamiento similar para la Comisión de Reconciliación Nacional.

Eso tiene particular importancia en aspectos como los resaltados por el propio canciller López Contreras en su discurso en la ONU:

"Es necesario que todos los países centroamericanos impidan el uso de su territorio para agredir a otros estados, ya desde el punto de vista material como moral y propagandístico". Eso conlleva una verificación in situ en Honduras y en otros países.

"Cuando los centroamericanos hagamos el llamamiento internacional del cese de la ayuda militar a las fuerzas irregulares, confiamos en que será aceptado y cumplido, de buena fe, por todos los estados comprometidos en este tipo de actividades, inclusive por los que la niegan obstinadamente, a pesar de la evidencia en contrario". (Los subrayados son nuestros).

Muy bien. Como que vamos caminando. A veces voluntariamente, a veces a remolque. Lo importante será, al final, que Honduras salga lo mejor librada, pese al desastre de la conducción ejecución de su política exterior.

*Tiempo/*7 de octubre de 1987